R

Wskaźniki jakości

Jimmy Rolando Molina Ríos
Ronald Christopher Elizalde López
Salviano Vicente Núñez Apolo

Wskaźniki jakości

ISO/IEC 9126 - ISO/IEC 25000 - ISO/IEC 14598

ScienciaScripts

Imprint

Any brand names and product names mentioned in this book are subject to trademark, brand or patent protection and are trademarks or registered trademarks of their respective holders. The use of brand names, product names, common names, trade names, product descriptions etc. even without a particular marking in this work is in no way to be construed to mean that such names may be regarded as unrestricted in respect of trademark and brand protection legislation and could thus be used by anyone.

Cover image: www.ingimage.com

This book is a translation from the original published under ISBN 978-613-9-44044-3.

Publisher:
Sciencia Scripts
is a trademark of
Dodo Books Indian Ocean Ltd. and OmniScriptum S.R.L publishing group

120 High Road, East Finchley, London, N2 9ED, United Kingdom
Str. Armeneasca 28/1, office 1, Chisinau MD-2012, Republic of Moldova, Europe

ISBN: 978-620-3-49967-4

Zawartość

AUTORZY

Jimmy Rolando Molina Rfos, doktor ICT
Ronal Christopher Elizalde Lopez, inżynier ds. marketingu - inżynier systemów.
Salviano Vicente Nunez Apolo, inż. technologii informatycznych.

Wprowadzenie

W rozwoju oprogramowania zawsze przewidywano, że tworzony system jest na równi z wymaganiami osoby, która prosi nas o wymagania, dlatego główna idea, która prowadzi do rozwiązania tych wymagań, nie powinna być zniekształcona, ponieważ muszą one być zgodne ze standardami, które zostały stworzone w celu uzyskania najlepszych możliwych wyników, Normy te są wdrażane przez ISO/IEC, w tym ISO, normy oceny jakości są ustalone, tak samo, że w całym tym badaniu przyjęliśmy normy ISO/IEC 9126, 14598, 25000, te normy lub ISO, są również znane jako metryki, które oceniają proces rozwoju oprogramowania, proces ten jest oceniany w różny sposób w zależności od normy, którą stosujemy, wybrana metryka będzie miała podprocesy i zasady, których należy przestrzegać, na przykład, jeśli moduł jest oceniany w dowolnej części systemu, uzyskane dane posłużą do modyfikacji oprogramowania w przypadku, gdy dane te nie są zgodne z główną ideą wymagań uzyskanych na początku, niektóre metryki pozwalają również poznać wyniki oceny każdego modułu lub części oprogramowania osobie, która zgłosiła problem, czyli użytkownikowi lub klientowi, w celu zminimalizowania błędów, które są prezentowane i aby móc je zmienić na czas, udaje się uniknąć irytacji na końcu, w dostarczaniu oprogramowania, w tym celu opracowano metryki oceny jakości, udaje się uzyskać najlepsze wyniki oprogramowania aż do tej samej instalacji w maszynie, w której będzie miał swoje użyteczne życie jako system.

ROZDZIAŁ I

Metryki ISO/IEC 9126.

Kompetencje

Definiuje koncepcje metryk ISO 9126

Rozpoznaje cechy pomiaru jakości

Identyfikuje podcharakterystyki używane w każdej charakterystyce jakości.

Po przeczytaniu tej jednostki **efekty uczenia się**:
Identyfikacja aspektów jakościowych normy ISO 9126.
Zidentyfikuj, sklasyfikuj i opisz główne cechy   cechy
ocena jakości.
Zawartość
1.1 Model jakości
1.2 Wskaźniki zewnętrzne
1.3 Wewnętrzne wskaźniki
1.4 Wskaźniki jakości użytkowania
Wprowadzenie
Normie ISO 9126 udało się zdefiniować kilka cech jakości, którymi są czynniki jakości, kryteria i metryki. Czynniki jakości umożliwiają specyfikację, tj. spojrzenie na oprogramowanie z punktu widzenia użytkowników, widok zewnętrzny; kryteria, które umożliwiają konstrukcję, tj. spojrzenie na oprogramowanie z punktu widzenia programisty, widok wewnętrzny; i wreszcie metryki, które umożliwiają kontrolę, wykorzystywane do zapewnienia metody przeprowadzania oceny.

1 METRYKA ISO/IEC 9126: JAKOŚĆ PRODUKTU
Metryki ISO 9126 to międzynarodowe standardy, które zapewniają cechy, które należy wziąć pod uwagę przy ocenie jakości oprogramowania, odnosząc się do użytkownika, tj. operatora systemu.
Z biegiem czasu standard metryczny ISO 9126 ewoluował i obecnie składa się z czterech głównych sekcji, na których się opiera. Sekcje te określają cechy, które każda z nich definiuje w celu zapewnienia bezpiecznej i skutecznej oceny oprogramowania. Sekcje, w których sklasyfikowana jest ta metryka to: model jakości, w którym 6 cech jest przedstawionych do pomiaru wraz z pod-charakterystykami, na których się koncentrują, jest to nazywane ISO/IEC 9126-1; metryki zewnętrzne są cechami, które pozwalają na zmierzenie ogólnego zachowania oprogramowania w oczach użytkowników końcowych w środowisku oprogramowania, w którym jest ono utworzone, jest to nazywane ISO/IEC 9126-2; metryki wewnętrzne to cechy oprogramowania, które mają być oceniane, są to metryki statyczne, nazywane ISO/IEC 9126-3; i wreszcie model jakości w użyciu, ten model ogólnie stosowany do oceny jakości tworzenia oprogramowania opiera się zasadniczo na 4 ważnych czynnikach, którymi są efektywność, produktywność, bezpieczeństwo i satysfakcja [1], nazywany jest ISO/IEC 9126-4.
Metryki te zostały zaprojektowane w celu specyfikacji i oceny jakości danego oprogramowania, w tym w jego ocenie przeglądu podstawowych i podstawowych cech dla prawidłowego wykonania oprogramowania oraz optymalnego funkcjonowania przed użytkownikiem końcowym, w celu zaspokojenia potrzeb wymaganych przez klienta.

1.1 Model jakości

Aby ocenić jakość oprogramowania w skuteczny i optymalny sposób, tworzone są modele, które są serią cech lub faz do wdrożenia, dzięki którym można w pełni docenić funkcjonalność, gwarancję i bezpieczeństwo satysfakcji klienta z oprogramowania. Model jakości jest po prostu standardem, który reguluje ocenę oprogramowania.

W tym celu właściwości oprogramowania są odpowiednio scharakteryzowane, w których sześć cech jest fundamentalnych w ramach normy ISO/IEC 9126: funkcjonalność, niezawodność, użyteczność, wydajność, łatwość konserwacji i przenośność. Każda z tych cech ma podcharakterystyki do oceny, weryfikacji i zapewnienia jakości.

Aby osiągnąć właściwy przegląd i specyfikację systemu komputerowego, istnieją trzy poziomy jakości, trzy poziomy, które pomagają w skutecznej ocenie oprogramowania, są to cechy, cechy i atrybuty, które są jednostkami, które można zweryfikować w produkcie oprogramowania.

Należy podkreślić, że cechy i podcechy w ramach systemu są stałe, tj. są już określone w normie w celu uzyskania prawidłowej oceny. Za pomocą oceny lub monitorowania tych cech i podcech.

Mierniki oceny jakości mogą być również zorientowane na osobę, tj. jest to ułatwione przez sposób, w jaki ludzie opracowali oprogramowanie, procesy, które opracowali, skuteczność narzędzi i metod użytych do tego celu. Ocena ta jest subiektywna, tj. zależy od postrzegania przez ludzi opracowanego oprogramowania i może być ilościowa lub jakościowa.

1.1.1 Jakość oprogramowania

Jakość oprogramowania opiera się na połączeniu czynników oceny w systemie, które mogą mieć wpływ na produkcję oprogramowania wysokiej jakości. Czynniki te mogą być uważane za wewnętrzne lub zewnętrzne, a to, co jest brane pod uwagę i cenione, to fakt, że wynik końcowy zadowala klienta i udaje mu się rozwiązać problemy, dla których projekt został opracowany.

Koncepcje jakości oprogramowania opierają się głównie na normach ISO, które są odpowiedzialne za ocenę zarówno jakości, jak i produktu oprogramowania.

Definicja ustanowiona przez normę ISO 8402 mówi, że "jakość to zestaw właściwości i cech produktu lub usługi, które sprawiają, że nadaje się on do zaspokojenia wyraźnych lub nieokreślonych potrzeb" [2]. [2]

Zgodnie z powyższym, można wspomnieć, że jakość produktu programowego jest uważana za ocenę cech lub funkcji, które są w stanie zaspokoić cele lub cele, dla których oprogramowanie zostało opracowane, zapewniając w ten sposób optymalny i wydajny wynik dla klienta lub użytkownika.

Kilka definicji jakości jest powiązanych z inżynierią oprogramowania, wraz z ewolucją metryk, różne koncepcje jakości oprogramowania rosną i rozszerzają się. Definicje te różniły się, mając jako główną ideę ten sam cel, co koncepcje poprzednich metryk, więc jakość oprogramowania została uznana za "stopień, w jakim system, komponent lub proces spełnia określone wymagania oraz potrzeby lub oczekiwania klienta lub użytkownika". [2]

Oznacza to, że jakość jest brana pod uwagę jako kategoria lub poziom, za pomocą którego system lub jakiś produkt jest w stanie spełnić cele określone podczas specyfikacji wymagań i planowania projektu, a także zaspokoić potrzeby zarówno klienta, który zażądał oprogramowania, jak i użytkownika końcowego (użytkowników końcowych), którzy będą stale wchodzić w interakcje z systemem, wykonując między innymi dochody, transakcje, operacje.

Należy podkreślić, że nie tylko standardy lub metryki definiują koncepcje jakości, kilku autorów, takich jak Pressman [3] i Sommerville [4], konceptualizuje jakość w inżynierii oprogramowania jako "zgodność z ustalonymi wymaganiami funkcjonalnymi i wydajnościowymi, udokumentowanymi standardami rozwoju i oczekiwanymi cechami profesjonalnie opracowanego oprogramowania" [3].

[Ponadto uważają oni ocenę jakości oprogramowania za złożony proces, który wymaga wykonania szeregu podstawowych kroków w celu prawidłowego rozwoju oprogramowania, biorąc pod uwagę poprzednią konceptualizację, wspomina się, że pomiar jakości ma zastosowanie do każdego produktu, ogólnie rzecz biorąc, ale w przypadku realizacji w systemie komputerowym konieczne jest uwzględnienie różnorodnych i złożonych cech w porównaniu z produktami spoza tej dziedziny.

1.1.2 Charakterystyka.

ISO/IEC 9126 w ramach pierwszego modelu, który jest modelem jakości, ma pewne cechy, które pomagają w ocenie oprogramowania. Cechy, na które podzielony jest ten model, składają się z 6 aspektów, w ramach których znajdują się inne pod-charakterystyki. Wynika to z faktu, że ogólne lub główne cechy są bardzo złożone do oceny, tj. nie mają niezbędnych wskaźników lub wytycznych, za pomocą których programiści lub oceniający mogą sprawdzić jakość produktu.

W związku z tym, stosując podcharakterystyki, które reprezentują wskaźniki oceny, można uzyskać kompletny i optymalny przegląd jakości produktu, ponieważ reprezentują one mierzalne aspekty, a także dają niezbędne wytyczne dla procedury oceny.

Według Ruiz, Pena & Castro [5] cechy, według których kategoryzowana jest jakość oprogramowania, są ściśle powiązane z kryterium użyteczności i są podzielone na sześć następujących grup:

- Funkcjonalność.
- Niezawodność.
- Użyteczność.
- Wydajność.
- Łatwość konserwacji.
- Przenośność.

Każda z nich stanowi podstawowy aspekt oceny jakości oprogramowania, ale jednocześnie są one bardzo skomplikowane do zmierzenia, ponieważ są ogólne, to znaczy, że sposób, w jaki można zmierzyć każdą cechę, jest szeroki. W tym celu konieczne jest podzielenie każdej z tych cech na podcharakterystyki, dzięki którym proces oceny jakości jest prosty, szybki i przede wszystkim skuteczny.

Poniżej opisano każdą charakterystykę wraz z podcharakterystykami do pomiaru.

1.1.3 Funkcjonalność

Funkcjonalność obejmuje zdolność produktu lub systemu do wykonywania funkcji lub właściwości, które zaspokajają potrzeby i rozwiązują problemy klienta i użytkownika [5]. Funkcjonalności te muszą być ustalone w planowaniu i określaniu zakresu systemu, a także uwzględniać wszystkie te operacje wewnętrznie w systemie, który ma zostać zrealizowany.

Funkcjonalności te muszą być w stanie rozwiązać problemy lub niedogodności, które użytkownik ma z systemem w określonych warunkach.

Funkcjonalność odnosi się po prostu do "zdolności oprogramowania do świadczenia usług niezbędnych do spełnienia wymagań funkcjonalnych" [6]. [6] Oznacza to, że zapewnia, że oprogramowanie spełnia określone cele, te funkcjonalności dostarczane w ramach systemu muszą zaspokajać i pokrywać potrzeby, wymagania i cele, które zostały określone w propozycji projektu, muszą one być w sposób impKcite lub expKcite użytkowników.

Grupa ta składa się z atrybutów lub zwanych również cechami, które pozwalają zakwalifikować oprogramowanie jako produkt, tak aby spełniało wymagania i zaspokajało potrzeby, dla których zostało zaprojektowane i opracowane.

Aby uzyskać prawidłową i odpowiednią ocenę jakości, należy ocenić następujące cechy cząstkowe [7]:

• **Adekwatność:** Ta podcharakterystyka koncentruje się na ocenie funkcji i zadań wspierających oprogramowanie. Ma na celu ocenę, czy funkcje i operacje wykonywane przez system w celu zarządzania odpowiednimi wymaganiami są zgodne z zadaniami ustalonymi podczas planowania.

Innymi słowy, ocenia, czy operacje wykonywane przez system są najbardziej odpowiednie, a przede wszystkim, czy są zgodne z zadaniami do wykonania.

• **Dokładność**: Ten atrybut określa, czy wyniki wykonania systemu są zgodne z potrzebami, które użytkownik chce zaspokoić. Za pomocą tego atrybutu można ocenić precyzję odpowiedzi produktu i to, czy są one najbardziej odpowiednie do ich rozwiązania.

• **Interoperacyjność**: Ta funkcja pozwala ocenić interakcję systemu z innymi wcześniej określonymi systemami. Interoperacyjność oznacza, że system może odnosić się i współdziałać z innymi systemami niezależnie, tj. systemami spoza opracowanego systemu.

• **Zgodność:** Ten atrybut ocenia, czy opracowany produkt spełnia wymagania i zapewnia zgodność i bezpieczeństwo dla klienta.

• **Bezpieczeństwo:** W tym punkcie oceniane jest bezpieczeństwo i ochrona danych w systemie, czyli zdolność oprogramowania do ochrony informacji, aby chronić je przed nieupoważnionymi osobami wprowadzającymi, modyfikującymi lub usuwającymi informacje.

Ze względu na powyższe aspekty, ważne jest, aby wziąć je pod uwagę, ponieważ atrybuty te są mierzalne w porównaniu do oceny ogólnej funkcjonalności systemu.

1.1.4 Niezawodność

Niezawodność jest opisywana jako zdolność oprogramowania [8] do utrzymania prawidłowego poziomu wydajności w ustalonym okresie czasu. Określa, czy program zachowuje stabilność podczas wykonywania, bez błędów lub awarii, które spowalniają lub powodują awarię systemu.

Ta cecha jest również znana jako niezawodność i ma silny związek z użytkownikiem i interakcją z systemem. Korzystne wyniki tej oceny muszą być widoczne i muszą być w stanie utrzymać prawidłowe działanie oprogramowania dla odpowiednich żądań użytkownika przez określony czas, a zwłaszcza w określonych warunkach.

Aby prawidłowo spełnić cel oceny niezawodności oprogramowania, ustala się mierzalne cechy cząstkowe, które przede wszystkim pozwalają na optymalną ocenę opracowanego produktu. Te cechy lub znane również jako atrybuty to [5]:

- **Poziom dojrzałości:** Na tym poziomie znajdują się atrybuty, które mają określony związek z awariami systemu. Dojrzałość można zdefiniować w środowisku inżynierii oprogramowania jako zdolność do zapobiegania awariom systemu w przypadku wykrycia błędu.

Przykłady lepszego zrozumienia dojrzałości oprogramowania obejmują komunikaty ostrzegawcze dla użytkownika, gdy wykonuje on operację na oprogramowaniu, która może generować błędy.

W niektórych przypadkach poziom dojrzałości jest również uważany za "pomiar częstotliwości awarii spowodowanych błędami oprogramowania" [7]. [7]

- **Tolerancja błędów:** Ten atrybut oprogramowania jest ściśle związany ze zdolnością oprogramowania do osiągnięcia oczekiwanego poziomu wydajności w sytuacjach, w których mogą wystąpić awarie oprogramowania.

Określenie i ocena tego atrybutu jest niezbędna, ponieważ system musi zawsze utrzymywać wydajność i działanie, niezależnie od sytuacji, ale głównie w celu utrzymania stabilności systemu w przypadku błędów.

Odporność na błędy można zdefiniować jako "zdolność do utrzymania oczekiwanego poziomu wydajności w przypadku awarii oprogramowania lub naruszenia jego oczekiwanego interfejsu" [7]. [7]

- **Odzyskiwalność:** Ta podfunkcja oczekuje i sprawdza, czy systemowi udało się przywrócić dane, które zostały uznane za utracone lub usunięte. Zwykle dzieje się tak po awarii lub zmianie, która narusza parametry integralności klas zaprojektowanych w aplikacjach.

Można go uznać za "zdolność do przywrócenia poziomu działania i odzyskania danych, które zostały bezpośrednio dotknięte awarią, a także czas i wysiłek wymagany do osiągnięcia tego celu" [7]. Innymi słowy, zdolność systemu do odzyskania sprawności po awarii wydajności lub utracie danych.

- **Zgodność z niezawodnością:** ta ostatnia jest używana tylko do weryfikacji, czy oprogramowanie jest zgodne z atrybutami związanymi z niezawodnością, tj. zdolnością do stosowania norm, przepisów itp. związanych z niezawodnością.

Atrybuty określone powyżej oceniają produkt oprogramowania, aby określić, czy zapewnia on dobrą obsługę błędów lub awarii w ramach produktu oprogramowania w danej sytuacji. Należy wziąć pod uwagę kilka aspektów, w tym uwzględnienie i zapobieganie błędom poprzez projekt systemu oraz prawidłową obsługę tych błędów, tj. sposób obsługi błędów w przypadku ich wystąpienia.

1.1.5 Użyteczność

Użyteczność to zdolność oprogramowania do zrozumienia, nauki, a przede

wszystkim łatwość, z jaką można z niego korzystać.
W jego ramach kryteria funkcjonalności, niezawodności i wydajności kolidują ze sobą i są wykorzystywane do prawidłowej oceny jakości oprogramowania.
Użyteczność aplikacji musi być zgodna z nabywaniem nowych procedur wiedzy w celu osiągnięcia prawidłowego wykonania aplikacji [9]. Inspekcje użyteczności składają się z szeregu metod analizy i gromadzenia danych. Głównym celem jest analiza różnych aspektów aplikacji w celu uwzględnienia najbardziej odpowiednich projektów interfejsu użytkownika.
Użyteczność można ocenić tylko poprzez interakcję użytkowników z systemem, tj. jest to ocena, która koncentruje się na użytkowniku końcowym, wskazując, jak łatwo jest użytkownikowi manipulować oprogramowaniem, jak łatwo jest mu zrozumieć procesy, interfejs i wyniki, które generuje.
Według Ruiz, Pena & Castro, użyteczność to "zdolność produktu programowego do bycia zrozumiałym, możliwym do nauczenia się, użytecznym i atrakcyjnym dla użytkownika, gdy jest używany w określonych warunkach" [5]. [5]
Wraz z ewolucją standardów oceny jakości, cechy związane z oceną produktu obejmują łatwość użytkowania produktu, łatwość uczenia się produktu, łatwość wykonywania określonego zadania, łatwość instalacji produktu, łatwość znajdowania informacji w podręczniku, łatwość zrozumienia informacji i wreszcie użyteczność przykładów pomocy.
Charakterystyka użyteczności mierzy stopień, w jakim system jest optymalny do użytkowania i zarządzania przez użytkowników końcowych, i może być uważana za "zestaw atrybutów, które odnoszą się do wysiłku wymaganego do użytkowania i indywidualnej oceny tego użytkowania przez ustalony lub implikowany zestaw użytkowników" [1]. [1]
Podobnie jak poprzednie cechy, użyteczność ma pod-charakterystyki, które są skierowane do użytkownika:
• **Łatwość zrozumienia**: Ten atrybut odnosi się do wysiłku wymaganego przez użytkownika końcowego do rozpoznania logicznej struktury oprogramowania. W ramach tego atrybutu ustalane są wytyczne w celu osiągnięcia łatwego zrozumienia sposobu działania systemu oraz jego wykorzystania do zadań i określonych warunków, które przedstawia aplikacja, a także dokumentacja i przewodniki pomocy, które są generowane wraz z programem. Innymi słowy, łatwość zrozumienia wskazuje, jak łatwo jest użytkownikowi nauczyć się funkcjonalności i działania systemu, w tym koncepcji logicznych i ich zastosowań.
• **Łatwość uczenia się**: W ramach tego atrybutu ustanowiono pola do oceny produktu zgodnie z jego zdolnością do zrozumienia przez użytkowników. W przypadku łatwości uczenia się należy wziąć pod uwagę, że systemy muszą być intuicyjne zarówno w obsłudze, jak i w interfejsie, tak aby użytkownik nie miał większej złożoności podczas próby zarządzania jakąkolwiek operacją w systemie.
• **Operacyjność**: Znana również jako operacyjność i jest definiowana jako sposób, w jaki oprogramowanie pozwala użytkownikowi na obsługę i manipulowanie nim. Istotne jest, aby oprogramowanie było łatwe w obsłudze, tak aby użytkownik był w stanie wykonywać operacje, które musi wykonać szybko,

łatwo i wydajnie.

Aby zmierzyć użyteczność systemu, ustala się trzy główne atrybuty [10]:

• **Skuteczność**: Jest ona definiowana jako precyzja i dokładność aplikacji dla użytkownika w celu osiągnięcia celów określonych w aplikacji. Obejmuje to łatwość zrozumienia i uczenia się przez użytkownika.

• **Wydajność**: Wydajność definiuje się jako zasoby wykorzystane do osiągnięcia określonych celów z dokładnością i kompletnością.

• **Satysfakcja**: Komfort zapewniany przez aplikację użytkownikowi końcowemu jest oceniany, biorąc pod uwagę akceptację aplikacji przez użytkowników.

1.1.6 Wydajność

Cecha ta pozwala na ocenę oprogramowania na podstawie jego wydajności i ilości zasobów wykorzystanych podczas procesu jego tworzenia. Wydajność jest definiowana jako zdolność produktu programowego do osiągnięcia odpowiedniej wydajności oprogramowania, która jest zasadniczo związana z ilością zasobów wykorzystywanych do stworzenia systemu w danych warunkach.

Wydajność w ujęciu ogólnym można zdefiniować jako zdolność, zdolność lub właściwość, która jest posiadana w celu uzyskania optymalnego i korzystnego wyniku, porównując funkcjonalność tego samego i zasoby, które są wykorzystywane podczas jego realizacji.

Jest to podstawowy atrybut w ocenie oprogramowania, zarówno pod kątem lepszej wydajności, jak i optymalnego rozwoju. Wydajność ma na celu opracowanie oprogramowania, które bezpośrednio wykonuje operacje, dla których zostało zaprojektowane, i które zużywa jak najmniej zasobów podczas procesu rozwoju.

"Wydajność oprogramowania jest formą odpowiedniej wydajności, zgodnie z liczbą zasobów wykorzystywanych w danych warunkach. Inne aspekty, takie jak konfiguracja sprzętowa, system operacyjny, między innymi, muszą być brane pod uwagę." [8]

Można go określić jako stopień, w jakim oprogramowanie optymalnie wykonuje swoje funkcje i optymalnie i zgodnie z oczekiwaniami wykorzystuje zasoby systemowe.

Podobnie, cechy są ustalane w celu pomiaru wydajności oprogramowania, ponieważ nie jest możliwa jego ogólna ocena:

• **Czas użycia**: Ten atrybut określa zachowanie w odniesieniu do czasu potrzebnego do wykonania operacji w spertfico. "Atrybuty oprogramowania związane z czasem reakcji i czasem przetwarzania danych" [7]. [Ta podcecha jest ważna, ponieważ określa czasy reakcji opracowanego systemu, a także analizuje i ocenia przetwarzanie danych wymagane przez operacje wykonywane w ramach produktu, oceniając wydajność i czy czas reakcji wykonywanych operacji jest prawidłowy i wydajny.

Wyraźnym przykładem oceny czasu użytkowania jest określenie czasu reakcji systemu na funkcjonalność wymaganą przez użytkownika końcowego, oprócz analizy ilości kodu użytego do wykonania pożądanego procesu.

• **Wykorzystane zasoby:** ta funkcja funkcja koncentruje się na

11

zachowanie w odniesieniu do zasobów wykorzystywanych podczas procesu tworzenia oprogramowania. "Atrybuty oprogramowania odnoszące się do ilości wykorzystywanych zasobów i czasu ich wykorzystania w celu wykonania jego funkcji." [7] Ta podcecha jest ważna, ponieważ zapewnia większą kontrolę nad procesem tworzenia oprogramowania i zapewnia, że system będzie działał w wymaganych warunkach. [Ta podcharakterystyka jest ważna, ponieważ zapewnia większą kontrolę i pewność nad procesem rozwoju oraz tym, jak system będzie działał w wymaganych warunkach. W tej części oceniana jest nie tylko ilość wykorzystanych zasobów, ale także czas ich wykorzystania w ramach projektu, w momencie wykonywania głównej funkcji systemu.

Zgodność z przepisami w zakresie wydajności można również uznać za jeden z jej atrybutów lub cech.

• **Zgodność z wydajnością:** Ten atrybut reprezentuje zdolność oprogramowania do przestrzegania standardów i norm związanych z ogólną wydajnością. W tym punkcie ocenia się, czy produkty programowe prawidłowo spełniają wszystkie wymagania stawiane systemom w oparciu o efektywność, jaką zapewniają systemy, wykorzystując zasoby w optymalny sposób i szybko spełniając funkcje, które system musi spełniać.

1.1.7 Łatwość konserwacji

Ta cecha odnosi się do atrybutów, które pozwalają zmierzyć wysiłek niezbędny do opracowania, a tym samym wprowadzenia modyfikacji do systemu, zarówno ze względu na poprawki błędów, jak i czasami ze względu na zwiększone wymagania systemowe.

"Konserwowalność to zdolność oprogramowania do modyfikacji. W tym poprawek lub ulepszeń oprogramowania, zmian w środowisku i specyfikacji wymagań funkcjonalnych." [8]

W tym punkcie można przedstawić modyfikacje lub łatwość, z jaką oprogramowanie może być modyfikowane. Istnieje kilka czynników, które wpływają na użytkowanie lub ocenę oprogramowania i które wymagają pewnych modyfikacji oprogramowania. Wśród nich, po stworzeniu oprogramowania, musi ono zostać poprawione, ponieważ zawiera błędy podczas procesu wykonywania, może to być na przykład błąd w walidacji pól, awaria komunikacji z bazą danych lub wewnętrzne obliczenia nie są odpowiednie.

Inną okolicznością, w której oprogramowanie musi zostać zmodyfikowane, jest modyfikacja wymagań, może to być dodanie jakiegoś wymagania lub po prostu ulepszenie, zmodyfikowanie lub wyeliminowanie jakiegoś pola lub wymagania systemu. Dzieje się tak, gdy klient decyduje się na wdrożenie nowych funkcji do systemu lub po prostu chce wykonać inne czynności, takie jak jego modyfikacja, wyeliminowanie lub w niektórych przypadkach ulepszenie.

Wreszcie, inną okolicznością, która się pojawia, jest ulepszanie oprogramowania, które ma tendencję do występowania głównie w aplikacjach mobilnych i internetowych. Przypadek ten ma miejsce, gdy chcesz utworzyć aktualizację systemu, nową wersję lub zaimplementować do niej nową funkcjonalność. Przykłady takich przypadków są prezentowane w aplikacjach mobilnych, które muszą być stale ulepszane, zwiększając swoje funkcje, aby przyciągnąć uwagę klienta.

Łatwość konserwacji jest niezbędna, ponieważ umożliwia wprowadzanie ulepszeń i modyfikacji do systemu bez konieczności tworzenia go od podstaw. Czysta i zrozumiała struktura i kodyfikacja są głównymi punktami, które pozwalają na zwiększenie operacji w już istniejącym systemie, w przeciwnym razie powstałoby kilka problemów, w tym opóźnienie w czasie rozwoju oraz zamieszanie i pojawienie się możliwych błędów.

Zmiany, które chcesz wprowadzić, mogą być niewielkie lub duże, będzie to zależeć od tego, co chcesz zmodyfikować. W tym momencie można modyfikować interfejs użytkownika, lokalizację przycisków, ich wygląd lub po prostu dlatego, że nie są atrakcyjne dla klienta; można również modyfikować strukturalną lub funkcjonalną część systemu, czyli wprowadzać zmiany w procesach, które wykonuje.

Przedstawia on następujące podcharakterystyki w celu osiągnięcia doskonałej oceny łatwości konserwacji w produkcie oprogramowania.

• **Zdolność analizy:** "Odnosi się do wysiłku wymaganego do zdiagnozowania braków lub przyczyn awarii lub do zidentyfikowania części, które należy zmodyfikować." [7] Ta podcecha określa sposób, w jaki oprogramowanie może być diagnozowane pod kątem braków lub przyczyn awarii. [Ta podcecha określa sposób, w jaki oprogramowanie może być diagnozowane pod kątem braków lub przyczyn awarii, w tym punkcie uwzględniane są etapy i procesy, takie jak kodowanie, projektowanie i dokumentowanie zmian.

Ten punkt ma fundamentalne znaczenie, ponieważ ocenia i określa aspekty oprogramowania w celu zdiagnozowania możliwych niedociągnięć, które może mieć, lub po prostu przyczyn możliwych awarii, które system może przedstawić.

Ponadto analizowane są etapy, części lub procesy, które można modyfikować w ramach systemu, a także sytuacje awaryjne, które mogą się pojawić.

• **Modyfikowalność:** "Mierzy wysiłek wymagany do zmodyfikowania aspektów oprogramowania, usunięcia błędów lub dostosowania oprogramowania do pracy w innym środowisku". [7]

Znany również jako zmienność, wskazuje zdolność oprogramowania do osiągnięcia przyszłej modyfikacji, która musi zostać określona, a następnie wdrożona.

Należy je przeanalizować, aby programista lub osoba wprowadzająca zmiany mogła je wprowadzić szybko, prosto i optymalnie.

• **Stabilność:** "Pozwala ocenić ryzyko nieoczekiwanych skutków modyfikacji oprogramowania" [7]. [7]

Ten atrybut reprezentuje relacje ryzyka, które mogą przedstawiać skutki nieoczekiwanych modyfikacji. Ten punkt ma fundamentalne znaczenie, ponieważ pozwala na utrzymanie stabilności procesu wykonywania systemu, a także reprezentuje sposób, w jaki oprogramowanie jest przygotowane do modyfikacji zmian wymaganych przez klienta lub środowisko programistyczne.

• **Testowalność:** "Odnosi się do wysiłku wymaganego do sprawdzenia poprawności oprogramowania po jego zmodyfikowaniu". [Ten atrybut określa sposób, w jaki oprogramowanie pozwala na testowanie i ocenę wprowadzonych modyfikacji. Działanie to musi być wykonane pod warunkiem, że nie naraża danych lub informacji na ryzyko lub, co gorsza, nie naraża opracowanego systemu na ryzyko.

Przeprowadzone testy są ważne, ponieważ pozwalają zweryfikować, czy testy przeprowadzane w systemie są łatwe i czy wprowadzone modyfikacje nie zmieniają struktury projektu.

1.1.8 Przenośność

Ta cecha odnosi się do zdolności oprogramowania do przenoszenia lub transportowania z jednego środowiska do drugiego. Cecha ta obejmuje możliwość implementacji funkcji lub po prostu ogólnego systemu z jednego środowiska programistycznego do drugiego, bez konieczności dokonywania jakichkolwiek modyfikacji oprogramowania. Co więcej, podczas przenoszenia z jednego środowiska do drugiego, żadne dane nie są tracone i nie powstają żadne błędy.

Najczęstszym problemem w rozwoju oprogramowania jest trudność w transporcie do innego środowiska, którą można ocenić w dwóch punktach: transport z jednego środowiska programistycznego do drugiego lub transport z jednego miejsca instalacji do drugiego.

W pierwszym przypadku należy zweryfikować, czy kodowanie, implementacja i projekt nie kolidują lub nie są zależne od środowiska, w którym są opracowywane, tj. gdy system jest przenoszony z jednego środowiska do drugiego, nie generuje błędów lub awarii ani przez kod, ani przez zasoby, które były wcześniej używane.

W drugim przypadku określa się przeniesienie z jednego miejsca wykonania do drugiego, tj. że aplikacja lub system może być zainstalowany na innym komputerze bez żadnych problemów, a przede wszystkim, że może być zainstalowany bez generowania błędów.

Wśród funkcji przenośności znajdują się:

• **Adaptowalność**: Adaptowalność odnosi się do oceny możliwości adaptacji oprogramowania w różnych środowiskach, bez konieczności wprowadzania modyfikacji w celu zapewnienia jego płynnego działania. Zdolność adaptacji jest jednym z głównych wymagań systemu, ponieważ oprogramowanie, które można zainstalować w dowolnym miejscu, bez zmiany jego wydajności, jest bardziej wydajne i skuteczne niż inne systemy. Podczas tworzenia systemu należy zwrócić uwagę, aby nie uzależniać go od głównych cech pojedynczego komputera lub pojedynczego użytkownika.

• **Łatwość instalacji:** ta cecha reprezentuje wysiłek wymagany do zainstalowania oprogramowania w danym środowisku. Ten punkt określa różnorodność w celu osiągnięcia prawidłowej instalacji systemu, tj. że system może być instalowany w różnej kolejności i dla różnych użytkowników, bez konieczności dokonywania modyfikacji systemu lub kodu w celu zapewnienia, że działanie systemu nie ulegnie zmianie.

14

• **Zgodność:** "Pozwala ocenić, czy oprogramowanie jest zgodne ze standardami lub konwencjami związanymi z przenośnością". [Ten punkt ocenia, czy oprogramowanie jest zgodne z odpowiednimi wymaganiami i cechami zapewniającymi dobrą przenośność.

• **Zastępowalność:** "Zdolność oprogramowania do zastąpienia przez inne oprogramowanie tego samego typu i do tego samego celu" [8]. [Zastępowalność, znana również jako substytucyjność, określa zdolność oprogramowania do pomyślnego wdrożenia zastąpienia tego oprogramowania ulepszonym oprogramowaniem zaprojektowanym dla tego samego typu systemu i do tego samego zamierzonego celu.

Przykładem tej cechy może być zastąpienie nowej aplikacji, w przypadku aplikacji internetowych lub mobilnych, tworzone są nowe wersje, w których ulepszenia są po prostu wprowadzane do programu, bez konieczności modyfikowania danych lub radykalnej zmiany struktury wewnętrznej. System musi mieć możliwość i zdolność do modyfikacji lub aktualizacji, po prostu poprzez uruchomienie nowej aplikacji i migrację danych do nowego oprogramowania, które może pochodzić od innego dostawcy lub od tego samego dostawcy.

1.2 Wskaźniki zewnętrzne.

Zewnętrzne metryki jakości to stopień, w jakim produktowi udaje się zaspokoić wyraźne potrzeby oprogramowania w określonych warunkach, w tym momencie cel jest oceniany i do jakiego momentu produktowi udaje się zaspokoić potrzeby, jest mierzony i oceniany w ramach właściwości dynamicznych, uważanych za metryki dynamiczne, jest przeprowadzany na etapach kontroli jakości cyklu życia oprogramowania.

1.3 Wewnętrzne wskaźniki.

Wewnętrzne metryki produktu programowego są definiowane jako atrybuty produktu lub systemu, które określają zdolność do zaspokajania problemów i potrzeb przedstawionych przez użytkownika w sposób ekspresowy i imponujący w określonych warunkach.

Można ją mierzyć i oceniać na podstawie charakterystyki dokumentów wymagań systemowych. Ocena ta jest przeprowadzana na wczesnych etapach cyklu życia oprogramowania, w których można mierzyć, kontrolować i oceniać wewnętrzną jakość oprogramowania.

1.4 Wskaźniki jakości użytkowania.

"Jakość użytkowania to jakość oprogramowania odzwierciedlana przez użytkownika końcowego, sposób, w jaki użytkownik końcowy radzi sobie z wykonywaniem procesów z satysfakcją, wydajnością i dokładnością.

Jakość użytkowania musi zapewniać testowanie lub przegląd wszystkich opcji, z którymi użytkownik pracuje na co dzień oraz procesów, które wykonuje sporadycznie w związku z tym samym oprogramowaniem". [8]

1.4.1 Charakterystyka

• **Bezpieczeństwo**: "to zdolność oprogramowania do przestrzegania dozwolonych poziomów ryzyka zarówno w odniesieniu do potencjalnych uszkodzeń fizycznych, jak i potencjalnych zagrożeń dla danych". [8]

15

• **Satysfakcja**: Zdolność oprogramowania do zaspokojenia potrzeb klienta i użytkownika końcowego, oprócz spełnienia wymagań i celów ustalonych na etapie planowania.

• **Produktywność**: "zdolność oprogramowania do umożliwienia użytkownikom wydawania odpowiedniej ilości zasobów w stosunku do uzyskanej wydajności (efektywności)". [8]

• **Wydajność**: Zdolność oprogramowania do zapewnienia użytkownikowi dokładnych wyników przy użyciu jak najmniejszej ilości zasobów i uzyskania najlepszego wyniku.

| WAŻNE POJĘCIA

• **Przenośność:** Zdolność systemu do przemieszczania się z jednego miejsca lub środowiska do innego. Ma pewne cechy, które należy wziąć pod uwagę, takie jak zdolność adaptacji, łatwość instalacji, zgodność i łatwość wymiany.

• **Utrzymywalność: Jest** to zdolność systemu do modyfikacji, ten aspekt uwzględnia możliwe modyfikacje wynikające z ulepszeń (tworzenie wersji) lub ze zmiany wymagań dotyczących funkcjonalności oprogramowania przez klienta.

• **Funkcjonalność:** Jest to zdolność produktu do spełniania funkcji i operacji, dla których został zaprojektowany. Musi być w stanie rozwiązać potrzeby przedstawione przez klienta podczas korzystania z systemu. Ma to takie cechy, jak adekwatność, dokładność, interoperacyjność, zgodność i bezpieczeństwo.

• **Odzyskiwalność:** Zdolność systemu do odzyskiwania danych i informacji, które zostały utracone w wyniku awarii. Jest w stanie przywrócić poziom wykonania i odzyskać pożądane dane.

- **Dojrzałość:** Jest to zdolność systemu do tolerowania lub mierzenia częstotliwości awarii, które mogą wystąpić z powodu błędów w oprogramowaniu. Ocenia zdolność do zapobiegania awariom systemu, które są generowane po wykryciu błędu.

DALSZA LEKTURA

Z artykułu naukowego: "Software Quality Assessment Model Based on Fuzzy Logic, Applied to Usability Metrics according to the ISO/IEC 9126 Standard", autorstwa Hugo F. Arboleda Jimenez. Gustavo Alberto Ruiz, Alejandro Pena i Carlos Arturo Castro, który jest dostępny pod następującym linkiem:
http://www.redalyc. org/htm l/1331/133114988005/

Rozwiń następujące pytania:
1. W jaki sposób standard IEE opisuje jakość oprogramowania?
2. Jaki jest podstawowy aspekt jakości oprogramowania? Dlaczego?
3. Jakie są główne cechy jakości oprogramowania?
4. Jakie są subiektywne miary, które można wykorzystać do analizy jakości?

5. Zdefiniuj charakterystykę łatwości konserwacji i określ jej podcharakterystyki.

Z artykułu "Użyteczność w aplikacjach mobilnych", autorstwa Enriquez Juan Gabriel i Casas Sandra Isabel. Dostępny pod następującym linkiem: https://dialnet.unirioja.es/descarga/articulo/5123524.pdf
Rozwiń następujące pytania:
1. Jakie atrybuty są brane pod uwagę przy mierzeniu stopnia użyteczności aplikacji?
2. Jakie cechy musi spełniać metryka?
3. Zdefiniowanie wskaźnika użyteczności ISO 9241-11.
4. Czy atrybuty aplikacji można mierzyć bezpośrednio? Dlaczego?
5. Jaka jest klasyfikacja metryk i definicja każdej z nich?

WARSZTAT NR 1
Wypełnij poniższą tabelę cech charakterystycznych modelu
Norma jakości ISO/IEC 9126 z jej odpowiednimi podcharakterystykami.

MODEL JAKOŚCI	
Cechy	**Podcechy**
Funkcjonalność	- - - -
Niezawodność	- - -
Użyteczność	- - -
Wydajność	- -
Konserwowalność	- - - -
Przenośność	- - -

Wspomnij o sytuacji z życia wziętej, która ilustruje wymienione poniżej podcechy.
Cecha: Wydajność.
Podfunkcja: Czas użytkowania.
Przykład:

17

Charakterystyka: Łatwość konserwacji.
Podcecha: Możliwość modyfikacji.
Przykład:
Cecha: Przenośność.
Podcecha: Zdolność adaptacji.
Przykład:
WARSZTAT NR 3 -
Odnieś każde z pojęć do cech, które odpowiada.

System jest w stanie przywrócić dane, które zostały uznane za utracone lub usunięte.	**Pojemność zastępcza**
ocena możliwości adaptacji oprogramowania w różnych środowiskach, bez konieczności modyfikacji	**Tolerancja błędów**
Zdolność do osiągnięcia określonego poziomu wydajności w sytuacjach, w których mogą wystąpić awarie oprogramowania.	**Zdolność adaptacji**
Zdolność oprogramowania do zastąpienia go innym oprogramowaniem tego samego typu i do tego samego celu.	**Odzyskiwalność**
Możliwość zapobiegania awariom systemu w przypadku napotkania błędów.	**Poziom dojrzałości**

OCENA

FORMAT	PROSTE
Kontekst	
Podejście	Kiedy mówimy o odporności na błędy w jakości oprogramowania, mamy na myśli...?
OPCJA A	Zdolność systemu do odzyskania sprawności po awarii wydajności lub utracie informacji.
OPCJA B	Zdolność oprogramowania do zrozumienia przez użytkownika.
OPCJA C	Zdolność oprogramowania do ochrony informacji przed czynnikami zewnętrznymi.
OPCJA D	Zdolność oprogramowania do osiągnięcia określonego poziomu wydajności w sytuacjach, w których mogą wystąpić awarie.
1 **Prawidłowa**	D

	odpowiedź	
	Poziom	1
	Operacja kognitywna	Zastosowanie koncepcji i zasad
	FORMAT	PROSTE
	Kontekst	
	Podejście	**Które podcechy należą do funkcjonalność?**
	OPCJA A	Poziom dojrzałości, Odporność na błędy, Odzyskiwalność.
	OPCJA B	Adekwatność, dokładność, interoperacyjność.
	OPCJA C	Czas użytkowania, Wykorzystane zasoby.
	OPCJA D	Łatwość zrozumienia, łatwość nauki, łatwość obsługi.
	Prawidłowa odpowiedź	B
	Poziom	1
2	Działanie poznawcze	Zastosowanie koncepcji i zasad
	FORMAT	PROSTE
	Kontekst	
	Podejście	**Metryka satysfakcji z jakości użytkowania odnosi się do...?**
3	OPCJA A	Zdolność oprogramowania do sprostania poziomom ryzyka potencjalnego uszkodzenia fizycznego i uszkodzenia danych.
	OPCJA B	Zdolność oprogramowania do spełnienia oczekiwań użytkownika końcowego.
	OPCJA C	Zdolność oprogramowania do wydawania odpowiedniej ilości zasobów.
	OPCJA D	Możliwości oprogramowania ułatwiające precyzyjne osiąganie celów.
	Prawidłowa odpowiedź	B
	Poziom	1
	Działanie poznawcze	Zastosowanie koncepcji i zasad
	FORMAT	PROSTE
	Kontekst	
	Podejście	**Wskaźnik jakości użytkowania odnosi się do...?**
4	OPCJA A	Zdolność oprogramowania do sprostania poziomom ryzyka potencjalnego uszkodzenia fizycznego i uszkodzenia danych.
	OPCJA B	Zdolność oprogramowania do spełnienia oczekiwań użytkownika końcowego.

OPCJA C	Zdolność oprogramowania do wydawania odpowiedniej ilości zasobów.	
OPCJA D	Możliwości oprogramowania ułatwiające precyzyjne osiąganie celów.	
Prawidłowa odpowiedź	D	
Poziom	1	
Działanie poznawcze	Zastosowanie koncepcji i zasad	
FORMAT	PROSTE	
Kontekst		
Podejście	**Kiedy mówimy o poziomie dojrzałości jakości oprogramowania, odnosimy się do...?**	
OPCJA A	Zdolność systemu do odzyskania sprawności po awarii wydajności lub utracie danych.	
OPCJA B	Zdolność oprogramowania do zapobiegania awariom systemu w przypadku napotkania błędów.	
OPCJA C	Zdolność oprogramowania do ochrony informacji przed czynnikami zewnętrznymi.	
OPCJA D	Zdolność oprogramowania do osiągnięcia oczekiwanego poziomu wydajności w sytuacjach, w których mogą wystąpić awarie.	
Prawidłowa odpowiedź	B	
Poziom	1	

5	Działanie poznawcze	Zastosowanie koncepcji i zasad
6	FORMAT	PROSTE
	Kontekst	
	Podejście	**Do czego odnosi się poniższe pojęcie?** *Są to cechy oprogramowania, które ma zostać ocenione, są to metryki statyczne.*
	OPCJA A	Wewnętrzne wskaźniki
	OPCJA B	Wskaźniki zewnętrzne
	OPCJA C	Model jakości
	OPCJA D	Model jakości użytkowania.
	Prawidłowa odpowiedź	A
	Poziom	1
	Operacja kognitywna	Zastosowanie koncepcji i zasad
	FORMAT	PROSTE
7	Kontekst	

	Podejście	Czy model jakości składa się z zewnętrznych i wewnętrznych wskaźników?
	OPCJA A	Prawda
	OPCJA B	Fałsz
	Prawidłowa odpowiedź	A
	Poziom	1
	Działanie poznawcze	Zastosowanie koncepcji i zasad
	FORMAT	PROSTE
	Kontekst	
	Podejście	Funkcja Maintainability odnosi się do...?
	OPCJA A	Atrybuty, które pozwalają zmierzyć wysiłek niezbędny do opracowania, a tym samym wprowadzenia modyfikacji w systemie.
	OPCJA B	Zdolność oprogramowania do zapobiegania awariom systemu w przypadku napotkania błędów.
	OPCJA C	Zdolność oprogramowania do ochrony informacji przed czynnikami zewnętrznymi.
	OPCJA D	Zdolność oprogramowania do osiągnięcia określonego poziomu wydajności w sytuacjach, w których mogą wystąpić awarie.
	Prawidłowa odpowiedź	A
	Poziom	1
8	Działanie poznawcze	Zastosowanie koncepcji i zasad
	FORMAT	PROSTE
	Kontekst	
	Podejście	Jaka jest definicja jakości oprogramowania?
	OPCJA A	Ocena różnych cech lub funkcji, które spełniają cele, dla których oprogramowanie zostało zaprojektowane.
	OPCJA B	Prosty proces, który wymaga określenia szeregu podstawowych kroków dla prawidłowego rozwoju oprogramowania.
	OPCJA C	Proces określania i oceny jakości danego oprogramowania
	OPCJA D	są międzynarodowymi standardami, które zapewniają cechy, które należy wziąć pod uwagę w celu osiągnięcia oceny jakości oprogramowania.
	Prawidłowa odpowiedź	A
9	Poziom	1

Operacja kognitywna	Zastosowanie koncepcji i zasad
FORMAT	PROSTE
Kontekst	
Podejście	Czy jakość oprogramowania opiera się na ocenie tylko zewnętrznych czynników systemu?
OPCJA A	Prawda
OPCJA B	Fałsz
Prawidłowa odpowiedź	B
Poziom	
Operacja kognitywna	Zastosowanie koncepcji i zasad

10

SŁOWNICZEK (kolejność alfabetyczna)

- **Dostępność**: "Względy brane pod uwagę przez ewentualne fizyczne, wizualne, słuchowe lub inne ograniczenia użytkowników". [11]

• **Jakość**: "stopień, w jakim oprogramowanie posiada pożądaną kombinację atrybutów, przy czym ta kombinacja atrybutów powinna być jasno określona". [11]

• **Błędy**: "Błędy popełniane przez użytkownika podczas korzystania z aplikacji oraz waga tych błędów". [11]

• **Przenośność**: "Zdolność aplikacji do przenoszenia z jednego środowiska do drugiego (różne platformy)". [11]

• **Bezpieczeństwo**: "Zdolność do osiągnięcia akceptowalnego poziomu ryzyka. Dostępność mechanizmów kontrolujących i chroniących aplikację i przechowywane dane" [11].

| ROZWIĄZANIE (OCENA)

1. D) Zdolność oprogramowania do osiągnięcia określonego poziomu wydajności w potencjalnie wadliwych sytuacjach.

2. B) Adekwatność, dokładność, interoperacyjność.

3. B) Zdolność oprogramowania do spełnienia oczekiwań użytkownika końcowego.

4. D) Możliwości oprogramowania ułatwiające precyzyjne osiąganie celów.

5. B) Zdolność oprogramowania do zapobiegania awariom systemu w przypadku napotkania błędów.

6. A) Wewnętrzne wskaźniki

7. A) Prawda

8. A) Atrybuty, które pozwalają zmierzyć wysiłek niezbędny do opracowania, a tym samym wprowadzenia modyfikacji w systemie.

9. A) Ocena różnych cech lub funkcji, które spełniają cele, dla których oprogramowanie zostało zaprojektowane.

22

10. B) fałsz

ROZDZIAŁ II

Metrica 25000.

Kompetencje

Zidentyfikuj podstawowe cechy Metryki 25000 w zakresie Inżynierii Oprogramowania. Poznaj parametry, które Metryka oferuje jako przewodnik dla doskonałego projektu oprogramowania.

Wykorzystanie metryk w projektach inżynierii oprogramowania.

Efekty uczenia się zostaną osiągnięte do końca tego modułu:

określić cechy Rich 25000, które są wykorzystywane w różnych projektach oprogramowania.

Identyfikujesz zachodzące procesy i efekt zastosowania metryk.

Zawartość

2.1 Struktura standardu.

2.2 Podział modelu jakości

2 ISO /IEC 25000

Norma **ISO/IEC 25000**, znana jako AQuaRe (System and Software Quality Requirements and Evaluation), ma na celu zapewnienie jednolitych ram dla procesu oceny jakości oprogramowania.

"ISO/IEC 25000 jest wynikiem ewolucji i wdrożenia wcześniejszych norm, w szczególności ISO/IEC 9126, która opisuje specyfikę modelu jakości produktu oprogramowania, oraz ISO/IEC 14598, która dotyczyła procesu oceny produktu oprogramowania". "Nieprawidłowe określone źródło.

Dział ISO/IEC 25000.

Źródło: https://iso25000.com/index.php/normasiso25000?limit=4&start=4

2.1 Struktura normy ISO/IEC 25000

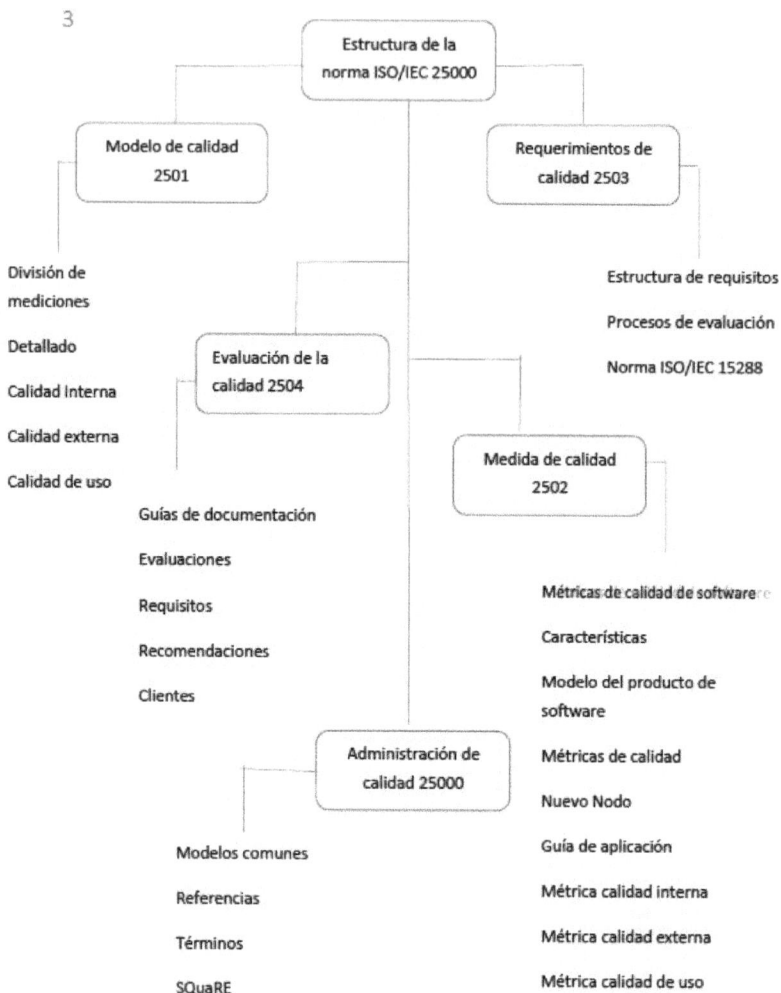

3

```
                    ┌─────────────────────┐
                    │   Estructura de la   │
                    │ norma ISO/IEC 25000  │
                    └─────────────────────┘

    ┌──────────────────┐              ┌──────────────────┐
    │ Modelo de calidad │              │ Requerimientos de │
    │       2501        │              │   calidad 2503    │
    └──────────────────┘              └──────────────────┘
```

División de
mediciones

Detallado

Calidad Interna

Calidad externa

Calidad de uso

Estructura de requisitos

Procesos de evaluación

Norma ISO/IEC 15288

```
        ┌──────────────────┐
        │ Evaluación de la │
        │   calidad 2504   │
        └──────────────────┘

                          ┌──────────────────┐
                          │ Medida de calidad │
                          │       2502        │
                          └──────────────────┘
```

Guías de documentación

Evaluaciones

Requisitos

Recomendaciones

Clientes

Métricas de calidad de software

Características

Modelo del producto de
software

```
        ┌──────────────────┐
        │ Administración de │
        │   calidad 25000   │
        └──────────────────┘
```

Métricas de calidad

Nuevo Nodo

Modelos comunes

Referencias

Términos

SQuaRE

Guía de aplicación

Métrica calidad interna

Métrica calidad externa

Métrica calidad de uso

Struktura ISO/IEC 25000
Jakość model 2501
Wymagania jakościowe 2503
Ocena jakości 2504
Miara jakości 2502
Zarządzanie jakością 25000
Dział Pomiarów Szczegółowych Jakość wewnętrzna Jakość zewnętrzna Jakość
użytkowania
A
Dokumentacja Przewodniki Oceny Wymagania Rekomendacje Klienci

Metryki jakości oprogramowania Charakterystyka Model produktu
oprogramowania Metryki jakości Nowy węzeł Przewodnik po aplikacji
Wewnętrzne metryki jakości Zewnętrzne metryki jakości Metryki użyteczności
Metryki jakości
Wspólne modele Odniesienia do terminów SQuaRE
Struktura wymagań Procesy oceny Norma ISO/IEC 15288

3.1 ISO/IEC 25000 Podział modelu jakości

Dział jakości obejmuje wewnętrzne i zewnętrzne cechy jakości.
korzystania z oprogramowania. Obecnie składa się z:

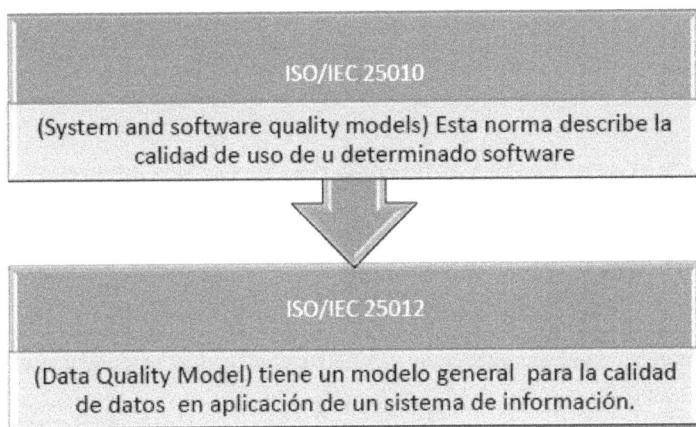

ISO/IEC 25010

(System and software quality models) Esta norma describe la
calidad de uso de u determinado software

ISO/IEC 25012

(Data Quality Model) tiene un modelo general para la calidad
de datos en aplicación de un sistema de información.

ISO/IEC 25010
(Modele jakości systemu i oprogramowania) Niniejszy standard opisuje jakość
użytkowania danego oprogramowania.
ISO/IEC 25012
(Data Quality Model) zawiera ogólny model jakości danych w aplikacji systemu
informacyjnego.
3.2 Podział pomiarów jakości według ISO/IEC 2502.
Standardy te odnoszą się do pomiaru jakości produktu, są to
składający się z:

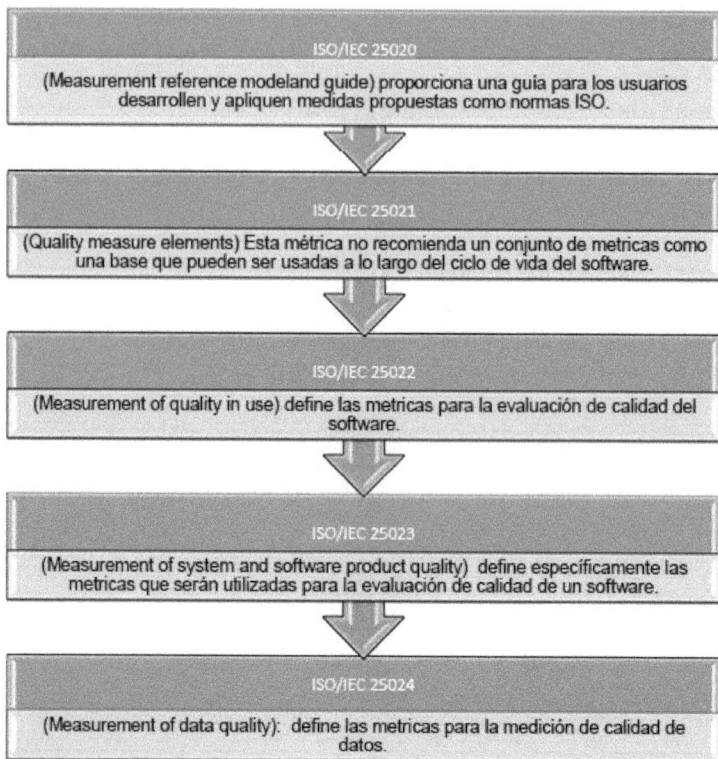

ISO/IEC 25020

(Model referencyjny pomiaru i przewodnik) zawiera wskazówki dla użytkowników dotyczące opracowywania i stosowania proponowanych środków jako norm ISO.

ISO/IEC 25021

(Elementy pomiaru jakości) Ta metryka nie zaleca zestawu metryk jako podstawy, którą można wykorzystać w całym cyklu życia oprogramowania.

ISO/IEC 25022

(Pomiar jakości w użyciu) definiuje metryki oceny jakości oprogramowania.

ISO/IEC 25023

(Measurement of system and software product quality) szczegółowo definiuje metryki, które mają być wykorzystywane do oceny jakości oprogramowania.

ISO/IEC 25024

(Pomiar jakości danych: definiuje metryki pomiaru jakości danych.

ISO/IEC 2503: Podział wymagań jakościowych.

Ten standard jest odpowiedzialny za określenie wymagań jakościowych, które mogą być stosowane w oprogramowaniu.

można wykorzystać w projekcie oprogramowania, który rozwijamy, składa się z:

ISO/IEC 25030 (Quality requirements): esta norma provee un conjunto de recomendaciones para la especificacion de requisitos de un software

ISO/IEC 2504 Podział modelu oceny jakości.
Niniejszy standard zawiera wymagania i zalecenia niezbędne do przeprowadzenia procesu oceny oprogramowania i składa się z następujących standardów.

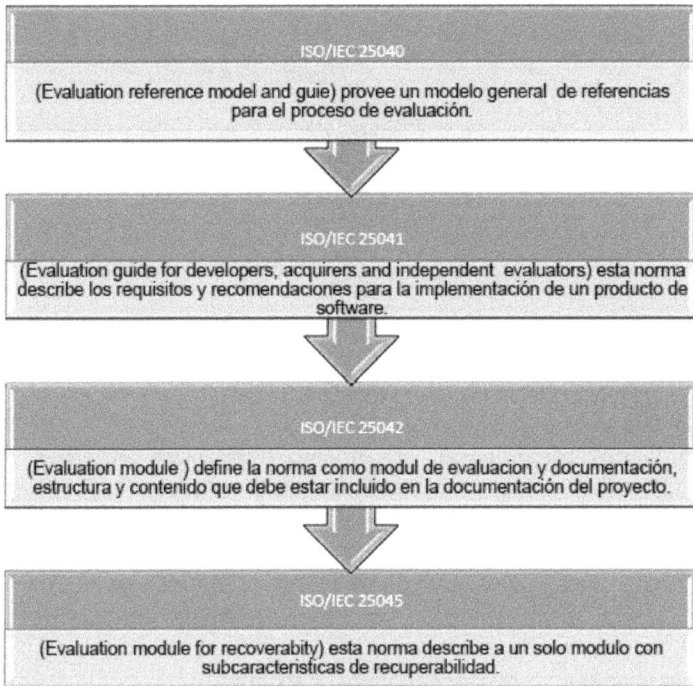

ISO/IEC 25040

(Evaluation reference model and guie) provee un modelo general de referencias para el proceso de evaluación.

ISO/IEC 25041

(Evaluation guide for developers, acquirers and independent evaluators) esta norma describe los requisitos y recomendaciones para la implementación de un producto de software.

ISO/IEC 25042

(Evaluation module) define la norma como modul de evaluacion y documentación, estructura y contenido que debe estar incluido en la documentación del proyecto.

ISO/IEC 25045

(Evaluation module for recoverabity) esta norma describe a un solo modulo con subcaracteristicas de recuperabilidad.

ISO/IEC 25040
(Model referencyjny oceny i przewodnik) zapewnia ogólny model referencyjny dla procesu oceny.
ISO/IEC 25041
(Przewodnik oceny dla deweloperów, nabywców i niezależnych ewaluatorów) ten standard opisuje wymagania i zalecenia dotyczące wdrażania oprogramowania.
ISO/IEC 25042
(Moduł oceny) definiuje standard jako moduł oceny i dokumentację, strukturę i zawartość, które należy uwzględnić w dokumentacji projektu.
ISO/IEC 25045
(Moduł oceny odzyskiwalności) ta norma opisuje pojedynczy moduł z

29

podcharakterystykami odzyskiwalności.

Procesy przeprowadzania oceny

Metryka ISO/IEC 25000 definiuje proces oceny w 5 procesach, które są następujące:

Establecer los requisitos de la evaluación.

Especificar la evaluación.

Diseñar la evaluación.

Ejecutar la evaluación.

Concluir la evaluación.

Ustalenie celu oceny

"To zadanie **dokumentuje** cel, dla którego organizacja chce ocenić jakość swojego oprogramowania (aby zapewnić jakość produktu, zdecydować, czy zaakceptować produkt, określić rentowność opracowywanego projektu, porównać jakość produktu z konkurencyjnymi produktami itp.

Celem oceny jest udokumentowanie celu, dla którego ocena jakości oprogramowania jest wymagana w celu określenia (jakości produktu) i zapewnienia rozwoju oprogramowania.

Uzyskanie wymagań dotyczących jakości produktu.

"To zadanie identyfikuje interesariuszy oprogramowania (deweloperów, potencjalnych nabywców, użytkowników, dostawców itp.) i określa wymagania jakościowe produktu przy użyciu określonego modelu jakości." Źródło określone, niezatwierdzone.

Aby uzyskać wymagania dotyczące jakości produktu, przystępujemy do identyfikacji i określenia wymagań jakościowych zgodnie z używanymi przez nas metrykami, zazwyczaj wymagania te są ustalane przez użytkowników i programistów odpowiedzialnych za oprogramowanie.

Identyfikacja części produktu, które mają zostać ocenione

"Części oprogramowania objęte oceną muszą zostać zidentyfikowane i udokumentowane. Rodzaj produktu, który ma zostać oceniony (specyfikacja

30

wymagań, diagramy projektowe, dokumentacja testowa itp.) zależy od fazy cyklu życia, w której przeprowadzana jest ocena, oraz od celu oceny." Źródło określone nie **dotyczy....**

W procesie identyfikacji produktu bardzo ważne jest udokumentowanie części oceny i poprawek, które są generowane w trakcie tworzenia oprogramowania, a także ewentualnych nieudanych testów, które są generowane.

Określenie rygoru oceny

"Rygor oceny powinien być określony pod względem celu i zamierzonego zastosowania oprogramowania, na przykład w oparciu o takie aspekty, jak ryzyko bezpieczeństwa, ryzyko ekonomiczne lub ryzyko środowiskowe. W zależności od rygoru, można ustalić, które techniki są stosowane i jakich wyników oczekuje się od oceny." Źródło nie zostało **podane....**

W procesie definiowania rygoru oceny dokonywana jest ewaluacja możliwych zagrożeń bezpieczeństwa, ekonomicznych lub środowiskowych, na podstawie której wdrażane są oczekiwane wyniki oceny.

Norma ISO dotycząca jakości oprogramowania

"W 1991 roku ISO (Międzynarodowa Organizacja Normalizacyjna) opublikowała model jakości dla oceny oprogramowania (ISO 9126:1991), który został przedłużony z poprawkami do 2004 roku, dając początek obecnej normie ISO/IEC 9126 "Inżynieria oprogramowania. Jakość produktu". Norma ISO/IEC 9126 proponuje zestaw cech, pod-charakterystyk i atrybutów w celu podziału jakości oprogramowania. Proponuje sześć właściwości (funkcjonalność, niezawodność, użyteczność, wydajność, łatwość utrzymania i przenośność), które są podzielone na podkategorie, które zostaną szczegółowo opisane poniżej "**Nieprawidłowe określone źródło...**".

Stworzenie normy jakości ISO/IEC 25000

Standard ten powstał w wyniku niespójności między normami ISO9126 i ISO14598 w 2005 roku.

Różnice między normami ISO 9126 i ISO 25000
Oto główne różnice między tymi dwoma wskaźnikami jakości.

ISO/IEC 9126	ISO/IEC 25000
4- Funkcjonalność	4- Adekwatność funkcjonalna
4- Niezawodność	4- Bezpieczeństwo
4- Użyteczność	4- Kompatybilność
4- Wydajność	4- Niezawodność
4- Łatwość konserwacji	4- Użyteczność

4- Przenośność	4- Wydajność
	4- Zbywalność
	4- Przenośność

Metryka ISO/IEC 25000 definiuje cykl życia jakości produktu oprogramowania i jest podzielona na trzy fazy:
4- Faza rozwoju produktu definiuje jakość wewnętrzną.
4- Faza testowania produktu definiuje jakość zewnętrzną.
4- Faza rozwoju produktu definiuje jakość użytkowania.

Struktura wewnętrznych wskaźników.	Struktura zewnętrznych wskaźników.
- Dotyczy oprogramowania niewykonywalnego.	- Mają one zastosowanie do oprogramowania wykonywalnego.
- Aplikacja na etapach jej rozwoju.	- Pozwalają one zmierzyć jakość produktu końcowego.
- Pozwalają one mierzyć jakość pośrednich rezultatów.	
- Pozwalają one przewidzieć jakość produktu końcowego.	
- Pozwalają one użytkownikowi zainicjować działania naprawcze na wczesnym etapie cyklu rozwoju.	

Wskaźniki funkcjonalności.

Wskaźniki funkcjonalności

Wewnętrzne wskaźniki funkcjonalności są wykorzystywane do sprawdzenia, czy oprogramowanie spełnia ukryte wymagania funkcjonalne dotyczące potrzeb użytkowników.
Wskaźniki adekwatności Wskaźniki dokładności Wskaźniki interoperacyjności
Wskaźniki zgodności funkcjonalności
Wewnętrzne wskaźniki bezpieczeństwa

Wskaźniki niezawodności.

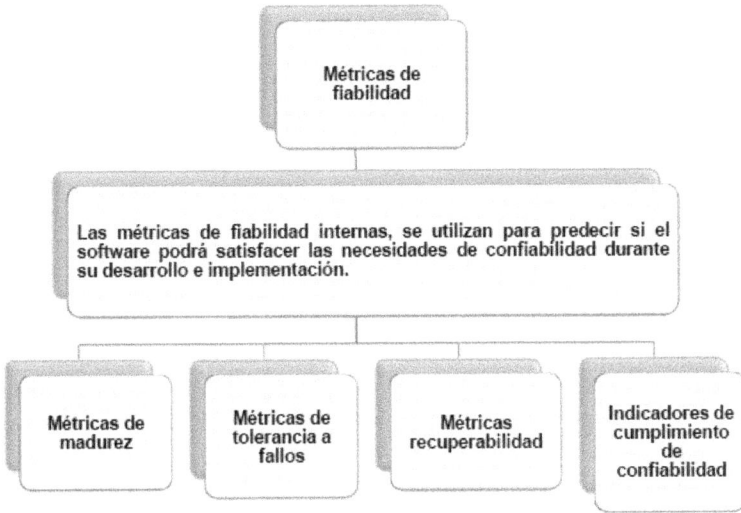

Métricas de
fiabilidad

Las métricas de fiabilidad internas, se utilizan para predecir si el software podrá satisfacer las necesidades de confiabilidad durante su desarrollo e implementación.

Métricas de madurez

Métricas de tolerancia a fallos

Métricas recuperabilidad

Indicadores de cumplimiento de confiabilidad

Wskaźniki niezawodności

Wewnętrzne wskaźniki niezawodności są wykorzystywane do przewidywania, czy oprogramowanie będzie w stanie sprostać wymaganiom niezawodności podczas opracowywania i wdrażania.

Wskaźniki dojrzałości

Wskaźniki tolerancji błędów

Wskaźniki odzyskiwalności

Wskaźniki zgodności niezawodności

Wskaźniki wydajności

Métricas de
Eficiencia

Estas métricas son utilizadas para predecir la eficiencia del comportamiento del producto de software durante la respectiva prueba de funcionamiento.

Métricas de comportami ento tiempo

Métricas de utilización de recursos

Indicadores de cumplimient o de eficiencia

Wskaźniki wydajności
Metryki te są wykorzystywane do przewidywania wydajności zachowania
oprogramowania podczas danego przebiegu testowego.
Czas pomiarów behawioralnych
Wskaźniki wykorzystania zasobów
Wskaźniki zgodności wydajności

**Zmiany w charakterystyce łatwości utrzymania między ISO 25000 a ISO
25010** "W przypadku ISO 25010 podcharakterystyki składające się na łatwość
utrzymania to: analizowalność, modyfikowalność, testowalność i możliwość
ponownego użycia. Istnieją dwie nowe podcharakterystyki: możliwość ponownego
użycia i modyfikowalność.
Podcharakterystyka modyfikowalności łączy w sobie dwie podcharakterystyki ISO
9126: zmienność i stabilność. Zgodność ze standardami, która jest podcechą w
ISO 9126, jest obecnie poza zakresem modelu jakości w ISO 25010 "Źródło
określone jako nieważne".
ISO 25010 składa się z dwóch podcharakterystyk, charakterystyka
modyfikowalności łączy ISO 9126 ze względu na zgodność z tymi normami oraz
podcharakterystykę ISO 9126, która jest poza zakresem modelu jakości w
ISO/IEC 25010.
Korzyści Metryka ISO/IEC 25000
4- Reprezentuje jakość oprogramowania.
4- Oświadczenie o potrzebach lub oczekiwaniach w zakresie jakości zewnętrznej
i wewnętrznej.
4- Pozwala na większą wydajność w definiowaniu oprogramowania.
4- Proponuje ocenę produktów pośrednich.
4- Poprawia jakość produktu.
Korzyści z ISO/IEC 25000 dla organizacji.

• "Dostosowuje cele oprogramowania do rzeczywistych potrzeb." **Podane
źródło jest nieprawidłowe.**
• "Unikanie nieefektywności oraz maksymalizacja rentowności i jakości
oprogramowania. Z drugiej strony, certyfikacja oprogramowania zwiększa
zadowolenie klientów i poprawia wizerunek firmy." **Źródło podane
nieprawidłowo.**
• "Spełniaj wymagania umowne i pokaż klientom, że jakość oprogramowania
jest najważniejsza." **Podane źródło jest nieprawidłowe.**
• "Proces okresowych ocen pomaga w ciągłym monitorowaniu wydajności i
doskonaleniu." **Źródło podane nieprawidłowo.**
Analiza analityczna:
Jedną z zalet tego standardu jest to, że opiera się on na innych, które zostały już

przetestowane i okazały się skuteczne w produkcji systemu dla organizacji. Stosowanie standardów takich jak ISO/IEC 25000 ma kluczowe znaczenie, ponieważ zapewnia dowód skuteczności wielu cech, które oprogramowanie musi spełniać, aby było produktywne.

Zalety ISO/IEC 25000 dla klientów.

• "Demonstrując zaangażowanie organizacji w jakość oprogramowania."
Źródło określone jako nieważne.
Analiza analityczna:
Dla klienta znalezienie produktu, który spełnia wszystkie wymagania, dla których został zamówiony, jest źródłem ogromnej satysfakcji, dlatego standard ten gwarantuje klientowi, że organizacja bierze odpowiedzialność za prace, które mają być wykonane, niezależnie od tego, jak mały jest projekt.

| WAŻNE POJĘCIA
• **ISO/IEC 2500 Metric:** Ustanawia jakość oprogramowania i składa się z cech jakościowych, które składają się z pod-charakterystyk, ustanawiając w ten sposób miary jakości oprogramowania.
• **Metryka wydajności:** ta metryka pozwala zmierzyć zachowanie i funkcjonalność samego systemu.
• **Metryka użyteczności:** Pozwala zmierzyć, kiedy oprogramowanie może być zrozumiane, nauczone, obsługiwane i przyciągane.
• **Dział wymagań jakościowych:** wymagania te pomagają określić jakość i mogą być wykorzystane w wymaganiach jakościowych wdrażanego oprogramowania.
• **Wybór modułów oceny:** w tym zadaniu wybierane są wskaźniki jakości, techniki i narzędzia, które umożliwiają wiarygodne porównania z kryteriami podejmowania decyzji.
• **Podział zarządzania jakością:** w normie ISO/IEC 25000 jest on podzielony na następujące wskaźniki.
4- ISO/IEC 25010
5- ISO/IEC 25012

DALSZA LEKTURA
Przewodnik rozwoju oprogramowania **Metrica ISO/IEC 25000** dostępny na stronie
web: https://www.ecured.cu/ISO/IEC 25000
Rozwiń następujące pytania:
1. Jakie są korzyści ze stosowania metryki oceny?
2. W jakim celu wdrożono wskaźniki jakości?
3. Dlaczego wskaźniki jakości są ważne?
4. Jaka jest struktura wskaźników jakości ISO/IEC 25000?
5. W którym roku wdrożono pierwszy wskaźnik jakości?
Z analizowanego artykułu (Clasificacion y evaluacion de metricas de Mantebilidad Aplicables a Productos de Software Libre) autorstwa "Jose M. Ruiz, Cristhian D.

Pacifico, Martin M. Perez" dostępnego pod poniższym linkiem.
http://sedici.unlp.edu.ar/bitstream/handle/10915/61928/Documento complete.p
df-PDFA.pdf?sequence=1

Rozwiń następujące pytania:
1. Jaka jest funkcja wskaźników jakości?
2. Jakie są korzyści z zastosowania go w tworzeniu oprogramowania?
3. Jaka jest główna zaleta korzystania z metryk ISO/IEC 25000?

Z artykułu (La norma ISO/IEC 2500 y el proyecto KEMIS para automatizacion con software libre) napisanego przez "Jose Marcos, Alicia Arroyo, Javier Garzas, Mario Piattini", dostępny na stronie internetowej.
http://www.redalyc.org/pdf/922/92218339013.pdf

Rozwiń następujące pytania:
1. Podaj normę ISO dotyczącą jakości oprogramowania?
2. Jakie są wskaźniki produktu i ich pomiar w przypadku oprogramowania open source?
3. Zdefiniować jakość wskaźników jakości?
4. Określić atrybuty jakości?
5. Określ metrykę jakości 2503.

WARSZTAT NR 1

Zapisz proces przeprowadzania oceny.

Napisz strukturę, która ma wewnętrzne metryki.

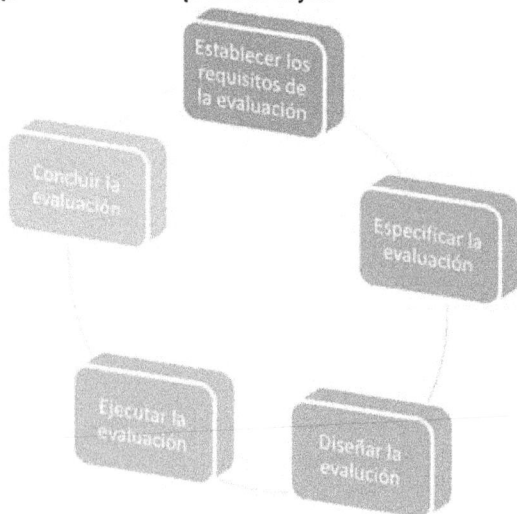

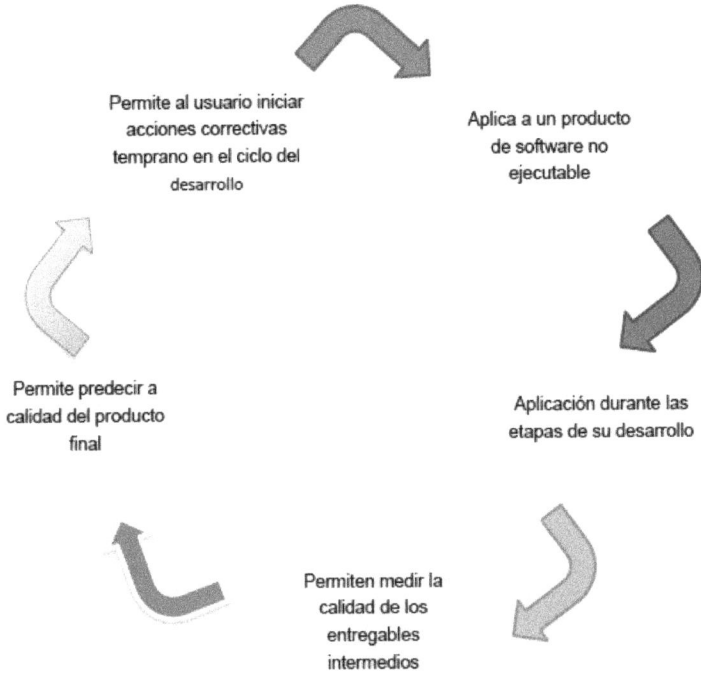

Permite al usuario iniciar
acciones correctivas
temprano en el ciclo del
desarrollo

Aplica a un producto
de software no
ejecutable

Permite predecir a
calidad del producto
final

Aplicación durante las
etapas de su desarrollo

Permiten medir la
calidad de los
entregables
intermedios

Umożliwia użytkownikowi zainicjowanie działań naprawczych na wczesnym
etapie cyklu.
rozwój
Dotyczy oprogramowania niewykonywalnego
Pozwala przewidzieć jakość produktu końcowego
Wdrożenie na etapach jego rozwoju
Pozwalają one mierzyć jakość pośrednich rezultatów.

Znajdź w poniższej alfabetycznej zupie tematu słowa kluczowe:

- Bezpieczeństw
  o
- Niezawodność
- Użyteczność
- Mantebility
- Kompatybilnoś
  ć

4	5	6	7	8	9	10	11	12	13	14	15	16	17	18	19	20	21	22	23	24
25	26	27	28	29	30	31	32	33	34	35	36	37	38	39	40	41	42	43	44	45
46	47	48	49	50	51	52	53	54	55	56	57	58	59	60	61	62	63	64	65	66
67	68	69	70	71	72	73	74	75	76	77	78	79	80	81	82	83	84	85	86	87
88	89	90	91	92	93	94	95	96	97	98	99	100	101	102	103	104	105	106	107	108
109	110	111	112	113	114	115	116	117	118	119	120	121	122	123	124	125	126	127	128	129
130	131	132	133	134	135	136	137	138	139	140	141	142	143	144	145	146	147	148	149	150
151	152	153	154	155	156	157	158	159	160	161	162	163	164	165	166	167	168	169	170	171
172	173	174	175	176	177	178	179	180	181	182	183	184	185	186	187	188	189	190	191	192
193	194	195	196	197	198	199	200	201	202	203	204	205	206	207	208	209	210	211	212	213
214	215	216	217	218	219	220	221	222	223	224	225	226	227	228	229	230	231	232	233	234
235	236	237	238	239	240	241	242	243	244	245	246	247	248	249	250	251	252	253	254	255
256	257	258	259	260	261	262	263	264	265	266	267	268	269	270	271	272	273	274	275	276
277	278	279	280	281	282	283	284	285	286	287	288	289	290	291	292	293	294	295	296	297
298	299	300	301	302	303	304	305	306	307	308	309	310	311	312	313	314	315	316	317	318
319	320	321	322	323	324	325	326	327	328	329	330	331	332	333	334	335	336	337	338	339
340	341	342	343	344	345	346	347	348	349	350	351	352	353	354	355	356	357	358	359	360
361	362	363	364	365	366	367	368	369	370	371	372	373	374	375	376	377	378	379	380	381
382	383	384	385	386	387	388	389	390	391	392	393	394	395	396	397	398	399	400	401	402
403	404	405	406	407	408	409	410	411	412	413	414	415	416	417	418	419	420	421	422	423
424	425	426	427	428	429	430	431	432	433	434	435	436	437	438	439	440	441	442	443	444

Wprowadź korzyści metryki 25000.

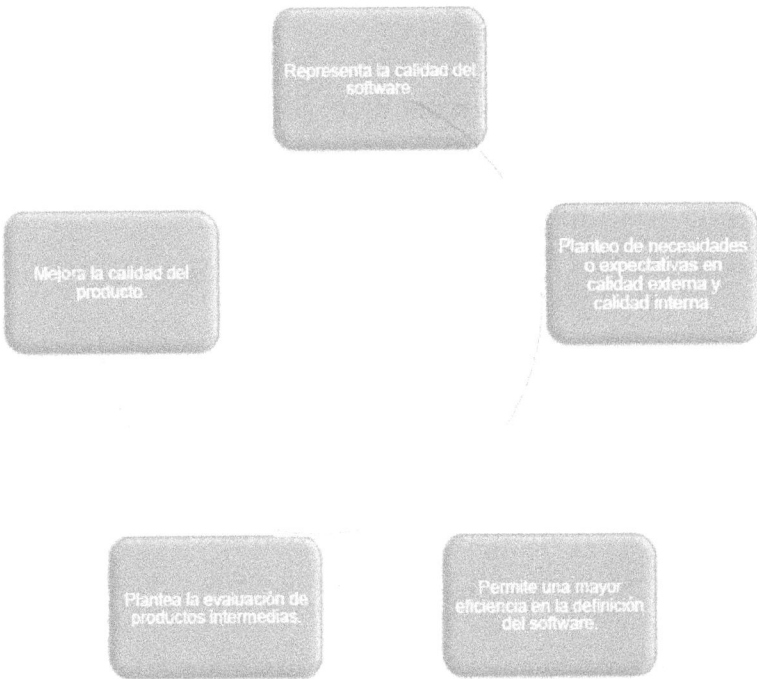

Reprezentuje on jakość oprogramowania.
Potrzeby lub oczekiwania w zakresie jakości zewnętrznej i wewnętrznej.
Pozwala to na większą wydajność w definiowaniu oprogramowania.
Poprawia jakość produktu.
Proponuje ocenę produktów pośrednich.

OCENA

	FORMAT	**PROSTE**
	KONTEKST	
	PODEJŚCIE	**Norma ISO/IEC 25000 jest znana jako:**
	OPCJA A	Jest on znany jako AQuaRe (System and Wymagania i ocena jakości oprogramowania).
	OPCJA B	Jest on znany *jako metryka oprogramowanie* jest przenoszone do chmury.
1	**OPCJA C**	Jest on znany jako wskaźnik opisujący wydajność produktu.
	OPCJA D	Jest ona znana jako metryka QuaRe (Qualitu Wymagania)
	ODPOWIEDŹ PRAWDA	A
	POZIOM	1

	DZIAŁANIE KOGNITYWNY	PROSTE
2	FORMAT	PROSTE
	KONTEKST	
	PODEJŚCIE	**ISO/IEC 25000 jest wynikiem wdrożenia czego?**
	OPCJA A	Powyższe standardy zostały wdrożone bez określenia
	OPCJA B	W ogóle nie wdrożony
	OPCJA C	Wdrożono tylko normy ISO/IEC 9126 i ISO/IEC 9126. ISO/IEC 14598
	OPCJA D	Wdrożono poprzednie standardy, w szczególności ISO/IEC 9126 i ISO/IEC 14598.
	ODPOWIEDŹ PRAWDA	D
	POZIOM	1
	DZIAŁANIE KOGNITYWNY	PROSTE
3	FORMAT	PROSTE
	KONTEKST	
	PODEJŚCIE	**Jaki jest podział metrycznego modelu jakości ISO/IEC 25000?**
	OPCJA A	• ISO/IEC 25010 (Modele jakości systemu i oprogramowania) Norma ta opisuje jakość użytkowania danego oprogramowania. • ISO/IEC 25012.- (Model jakości danych). ma ogólny model jakości danych w aplikacji systemu informacyjnego.
	OPCJA B	• ISO/IEC 25013.- (Modele jakości systemu i oprogramowania) Norma ta opisuje jakość użytkowania danego oprogramowania. • ISO/IEC 25012 (model jakości danych) zawiera ogólny model jakości danych w aplikacji systemu informacyjnego.
	OPCJA C	• ISO/IEC 25011.- (Modele jakości systemu i oprogramowania) Norma ta opisuje jakość użytkowania danego oprogramowania. • ISO/IEC 25015 (model jakości danych) zawiera ogólny model jakości danych w aplikacji systemu informacyjnego.
	OPCJA D	• ISO/IEC 25015 (Modele jakości systemu i oprogramowania) Norma ta opisuje jakość

		użytkowania danego oprogramowania. • ISO/IEC 25006 (Data Quality Model) zawiera ogólny model jakości danych w zastosowaniu systemu zarządzania jakością danych.
		informacje.
	ODPOWIEDŹ PRAWDA	A
	POZIOM	1
	DZIAŁANIE KOGNITYWNY	PROSTE
4	FORMAT	PROSTE
	KONTEKST	
	PODEJŚCIE	Poniższa definicja odpowiada "(Modele jakości systemu i oprogramowania) Niniejszy standard opisuje jakość użytkowania danego oprogramowania".
	OPCJA A	ISO/IEC 25016
	OPCJA B	ISO/IEC 25012
	OPCJA C	ISO/IEC 25006
	OPCJA D	ISO/IEC 25010
	ODPOWIEDŹ PRAWDA	D
	POZIOM	1
	DZIAŁANIE KOGNITYWNY	PROSTE
5	FORMAT	PROSTE
	KONTEKST	
	PODEJŚCIE	W normie ISO/IEC 2502 podział pomiarów jakości obejmuje:
	OPCJA A	• ISO/IEC25020 . model referencyjny i przewodnik) zawiera wskazówki dla użytkowników dotyczące opracowywania i stosowania środków proponowanych jako normy ISO. • ISO/IEC 25021.- (Elementy pomiaru jakości) Ta metryka nie zaleca zestawu metryk jako podstawy, którą można wykorzystać w całym cyklu życia oprogramowania. • ISO/IEC 25023 (Measurement of system and software product quality) definiuje w szczególności metryki, które mają być wykorzystywane do oceny jakości oprogramowania.

OPCJA B		• ISO/IEC 25024 (Pomiar jakości danych): definiuje metryki pomiaru jakości danych.
		- ISO/IEC25020 . model referencyjny i przewodnik) stanowi przewodnik dla użytkowników w zakresie opracowywania i wdrażania
OPCJA C		stosować środki proponowane jako normy ISO. • ISO/IEC 25021.- (Elementy pomiaru jakości) Ta metryka nie zaleca zestawu metryk jako podstawy, którą można wykorzystać w całym cyklu życia oprogramowania. • ISO/IEC 25022 (Pomiar jakości w użyciu) definiuje metryki oceny jakości oprogramowania. • ISO/IEC 25023 (Measurement of system and software product quality) definiuje w szczególności metryki, które mają być wykorzystywane do oceny jakości oprogramowania.
		• ISO/IEC25020 . model referencyjny i przewodnik) zawiera wskazówki dla użytkowników dotyczące opracowywania i stosowania środków proponowanych jako normy ISO. • ISO/IEC 25021.- (Elementy pomiaru jakości) Ta metryka nie zaleca zestawu metryk jako podstawy, którą można wykorzystać w całym cyklu życia oprogramowania. • ISO/IEC 25022.- (Pomiar jakości
OPCJA D		w użyciu) definiuje metryki oceny jakości oprogramowania • ISO/IEC 25023 (Measurement of system and software product quality) definiuje w szczególności metryki, które mają być wykorzystywane do oceny jakości oprogramowania. • ISO/IEC 25024 (Pomiar jakości danych): definiuje metryki pomiaru jakości danych.
		• ISO/IEC25020 . model referencyjny i przewodnik) zawiera wskazówki dla użytkowników dotyczące opracowywania i stosowania środków proponowanych jako normy ISO. • ISO/IEC 25023 (Measurement of system and

		software product quality) definiuje w szczególności metryki, które mają być wykorzystywane do oceny jakości oprogramowania. • ISO/IEC 25024 (Pomiar jakości danych): definiuje metryki pomiaru jakości danych.
	ODPOWIEDŹ PRAWDA	C
	POZIOM	1
	DZIAŁANIE KOGNITYWNY	PROSTE
	FORMAT	PROSTE
	KONTEKST	
	PODEJŚCIE	**Poniższa definicja odpowiada** "Ten standard jest odpowiedzialny za określenie wymagań jakościowych, które mogą być wykorzystane w rozwijanym przez nas projekcie oprogramowania".
6	OPCJA A	Dział spełniający wymagania Jakość (ISO/IEC 2503)
	OPCJA B	Dział wymagań jakościowych (ISO/IEC 2523)
	OPCJA C	Podział modelu oceny jakości (ISO/IEC 2504).
	OPCJA D	Podział modelu oceny jakości (ISO/IEC 2544).
	ODPOWIEDŹ PRAWDA	A
	POZIOM	1
	DZIAŁANIE KOGNITYWNY	PROSTE
7	FORMAT	PROSTE
	KONTEKST	
	PODEJŚCIE	**Poniższa definicja odpowiada** "Niniejszy standard zawiera wymagania i zalecenia niezbędne do przeprowadzenia procesu oceny oprogramowania".
	OPCJA A	Dział spełniający wymagania Jakość (ISO/IEC 2503)
	OPCJA B	Dział wymagań jakościowych (ISO/IEC 2523)
	OPCJA C	Podział modelu oceny jakości (ISO/IEC 2504).
	OPCJA D	Podział modelu oceny jakości (ISO/IEC 2544).
	ODPOWIEDŹ PRAWDA	C

POZIOM	1
DZIAŁANIE KOGNITYWNY	PROSTE
8 FORMAT	PROSTE
KONTEKST	
PODEJŚCIE	**W normie ISO/IEC 2504 podział modelu oceny jakości składa się z:**
OPCJA A	• ISO/IEC 25040 (Model referencyjny oceny i wytyczne) zapewnia ogólny model referencyjny dla procesu oceny. • ISO/IEC 25041 (Przewodnik ewaluacji dla deweloperów, nabywców i niezależnych ewaluatorów) opisuje wymagania i zalecenia dotyczące implementacji oprogramowania. • ISO/IEC 25043 (Moduł ewaluacyjny) definiuje standard jako moduł ewaluacyjny i dokumentację, strukturę i zawartość, które należy uwzględnić w dokumentacji projektu. • ISO/IEC 25044 (Moduł oceny odzyskiwalności) opisuje pojedynczy moduł z podcharakterystykami odzyskiwalności.
OPCJA B	• ISO/IEC 25041 (Przewodnik ewaluacji dla deweloperów, nabywców i niezależnych ewaluatorów) opisuje wymagania i zalecenia dotyczące implementacji oprogramowania. • ISO/IEC 25042 (Moduł ewaluacyjny) definiuje standard jako moduł ewaluacyjny i dokumentację, strukturę i zawartość, które należy uwzględnić w dokumentacji projektu. • ISO/IEC 25045 (Moduł oceny odzyskiwalności) opisuje pojedynczy moduł z podcharakterystykami odzyskiwalności.
OPCJA C	• ISO/IEC 25040 (Model referencyjny oceny i wytyczne) zapewnia ogólny model referencyjny dla procesu oceny. • ISO/IEC 25041 (Przewodnik ewaluacji dla deweloperów, nabywców i niezależnych ewaluatorów) opisuje wymagania i zalecenia dotyczące implementacji oprogramowania. • ISO/IEC 25042.- (moduł ewaluacyjny)
	definiuje standard jako moduł oceny i dokumentacji, strukturę i zawartość, które należy uwzględnić w dokumentacji projektu.

44

	OPCJA D	- ISO/IEC 25044 (Moduł oceny odzyskiwalności) opisuje pojedynczy moduł z podcharakterystykami odzyskiwalności. • ISO/IEC 25040 (Model referencyjny oceny i wytyczne) zapewnia ogólny model referencyjny dla procesu oceny. • ISO/IEC 25041 (Przewodnik ewaluacji dla deweloperów, nabywców i niezależnych ewaluatorów) opisuje wymagania i zalecenia dotyczące implementacji oprogramowania. • ISO/IEC 25045 (Moduł oceny odzyskiwalności) opisuje pojedynczy moduł z podcharakterystykami odzyskiwalności.
	ODPOWIEDŹ PRAWDA	C
	POZIOM	1
	DZIAŁANIE KOGNITYWNY	PROSTE
9	FORMAT	PROSTE
	KONTEKST	
	PODEJŚCIE	**Jakiego procesu należy przestrzegać w ramach normy ISO/IEC 25000 w celu przeprowadzenia oceny?**
	OPCJA A	1. Ustalenie wymagań dotyczących oceny 2. Projektowanie oceny 3. Określenie oceny 4. Przeprowadzenie oceny 5. Zakończenie oceny
	OPCJA B	1. Ustalenie wymagań dotyczących oceny 2. Określenie oceny 3. Projektowanie oceny 4. Przeprowadzenie oceny 5. Zakończenie oceny
	OPCJA C	1. Ustalenie wymagań dotyczących oceny 2. Określenie oceny 3. Projektowanie oceny 4. Przeprowadzenie oceny
	OPCJA D	1. Ustalenie wymagań dotyczących oceny 2. Projektowanie oceny 3. Określenie oceny 4. Przeprowadzenie oceny
	ODPOWIEDŹ PRAWDA	B

POZIOM	1
DZIAŁANIE KOGNITYWNY	PROSTE
10 FORMAT	PROSTE
KONTEKST	
PODEJŚCIE	Ustalając cel tworzonej oceny.
OPCJA A	Tworzony jest dokument zawierający cel, dla którego organizacja chce ocenić jakość swojego oprogramowania. (zapewnienie jakości produktu, podejmowanie decyzji o tym, czy zaakceptować produkt, określić rentowność projekt w fazie rozwoju, porównanie jakości produkt z konkurencyjnymi produktami itp.)
OPCJA B	Tworzony jest dokument zawierający cel, dla którego organizacja chce ocenić niezawodność swojego oprogramowania.
OPCJA C	Tworzony jest dokument zawierający cel, dla którego organizacja chce ocenić użyteczność swojego oprogramowania.
OPCJA D	Tworzony jest dokument zawierający cel, dla którego organizacja chce ocenić wydajność swojego oprogramowania.
ODPOWIEDŹ PRAWDA	A
POZIOM	1
DZIAŁANIE KOGNITYWNY	PROSTE

ROZWIĄZANIE (OCENA)

1. A) Znany jest pod nazwą AQuaRe (System and Software Quality Requirements and Evaluation).

2. D) Wdrożono wcześniejsze normy, w szczególności ISO/IEC 9126 i ISO/IEC 14598.

3. A)

o ISO/IEC 25010 (Modele jakości systemu i oprogramowania) Norma ta opisuje jakość użytkowania danego oprogramowania.

o ISO/IEC 25012 (model jakości danych) zawiera ogólny model jakości danych w aplikacji systemu informatycznego.

4. (D) ISO/IEC 25006

5. C)

o   ISO/IEC 25020 (Model referencyjny pomiarów i przewodnik) zawiera przewodnik dla użytkowników dotyczący opracowywania i stosowania pomiarów proponowanych jako normy ISO.

o   ISO/IEC 25021.- (Elementy pomiaru jakości) Ta metryka nie zaleca zestawu metryk jako podstawy, którą można wykorzystać w całym cyklu życia oprogramowania.

o   ISO/IEC 25022 (Pomiar jakości w użyciu) definiuje metryki oceny jakości oprogramowania.

o   ISO/IEC 25023 (Pomiar jakości systemu i oprogramowania) definiuje w szczególności metryki, które mają być wykorzystywane do oceny jakości oprogramowania.

o   ISO/IEC 25024 (Pomiar jakości danych): definiuje metryki pomiaru jakości danych.

6.   A) Dział wymagań jakościowych (ISO/IEC 2503)

7.   C) Podział modelu oceny jakości (ISO/IEC 2504)

8.   C)

o   ISO/IEC 25040 (Model referencyjny oceny i wytyczne) zapewnia ogólny model referencyjny dla procesu oceny.

o   ISO/IEC 25041 (Evaluation guide for developers, acquirers and independent evaluators) opisuje wymagania i zalecenia dotyczące implementacji oprogramowania.

o   ISO/IEC 25042 (Moduł ewaluacyjny) definiuje standard jako moduł ewaluacyjny i dokumentację, strukturę i zawartość, które należy uwzględnić w dokumentacji projektu.

o   ISO/IEC 25044 (Moduł oceny odzyskiwalności) opisuje pojedynczy moduł z podcharakterystykami odzyskiwalności.

9.   B)

a.   Ustalenie wymagań dotyczących oceny

b.   Określenie oceny

c.   Projektowanie oceny

d.   Przeprowadzenie oceny

e.   Zakończenie oceny

10. A) Tworzony jest dokument zawierający cel, dla którego organizacja chce ocenić jakość swojego oprogramowania (aby zapewnić jakość produktu, zdecydować, czy zaakceptować produkt, określić rentowność opracowywanego projektu, porównać jakość produktu z produktami konkurencyjnymi itp.)

ROZDZIAŁ III

Metrica 14598.

Kompetencje
Identyfikacja podstawowych cech metryki 14598 w ramach inżynierii oprogramowania. Rozpoznać parametry oferowane przez metryki jako przewodnik dla doskonałego projektu oprogramowania.
Wykorzystanie metryk w projektach inżynierii oprogramowania.
Efekty uczenia się po przeczytaniu tego modułu: Identyfikacja cech metryk 14598, które są używane w różnych projektach oprogramowania.
Identyfikujesz zaangażowane procesy i korzyści płynące z zastosowania metryk.
Zawartość
1.1 Badania nad kwestiami metrycznymi 14598.
1.2 Cechy Metrica 14598

Wprowadzenie
Obecnie wielu twórców oprogramowania dostrzegło potrzebę kontroli i oceny cyklu życia rozwoju oprogramowania, biorąc pod uwagę tę potrzebę, metryki zostały zaimplementowane w procesie tworzenia oprogramowania, metryki są fundamentalną częścią, ponieważ dostarczają nam pewnych parametrów lub cech, które pomagają nam ocenić jakość i wydajność oprogramowania.
Obecnie istnieje wiele metryk, które porównują procesy lub produkty oprogramowania w celu oceny jakości, wydajności i projektu produktu, metryki można rozdzielić w zależności od wielkości oprogramowania, wydajności i jakości. Poniżej opiszemy funkcje i zalety metryki 14598 w dziedzinie oceny oprogramowania.
3 Metrica 14598
Norma 14598, z rodziny norm ISO/EC 9126, powstała w odpowiedzi na potrzebę zdefiniowania zestawu cech, które uwzględniałyby cel i zastosowanie oprogramowania i które pozwoliłyby na stworzenie prawidłowego modelu do jego późniejszej oceny.

Obecnie rodzina składa się z jednego standardu zawierającego dwie części:

3.1 Część 1

Trzy raporty techniczne:
Raporty te powinny dotyczyć każdego ocenianego procesu, każdego możliwego rozwiązania ewentualnych problemów, które pojawiły się lub zostały uzyskane w wyniku oceny zastosowanej podczas opracowywania systemu.

3.2 Część 2

Co daje pomysł na nowość:
Ta część dotyczy pomysłu, który pomoże nam rozwiązać problem postawiony przez osobę, która zleca nam stworzenie systemu, ten pomysł znajduje odzwierciedlenie w prawie całym procesie, dlatego proces ten musi zostać oceniony, aby sprawdzić, czy pomysł rozwiązania nie został zniekształcony, czy nie pozostawiliśmy ustalonych wymagań lub czy osoba odpowiedzialna nie czuje się komfortowo z tym, czego go uczymy, to jest powód, dla którego należy zastosować tę metrykę.

Znaczenie tego tematu:
Jak już podkreśliliśmy powyżej, znaczenie tego tematu polega na ustaleniu, czy istnieje jakakolwiek wada w głównej idei systemu lub czy **istnieje brak dopracowania** systemu.

Ta część wyjaśnia, że metryka 14598 należy do rodziny ISO/IEC, więc została dobrze przeanalizowana i wyjaśniła swój cel, ponieważ należy do czegoś i nie jest rustykalną całością, jeśli nie jest dobrze zdefiniowana, metryka ta służy nam w czasie oceny oprogramowania, ze wszystkimi parametrami jakości i w zależności od oprogramowania, które jest oceniane i obszaru, do którego jest skierowane, zgodnie ze wszystkimi standardami zatwierdzania systemu.

Opis zawartości części składających się na rodzinę norm ISO/EC 9126, w której zanurzona jest norma 14598.

Część (1): Jak dotąd jedyna o charakterze normatywnym, opisuje model jakości dla oprogramowania, podzielony na dwa duże bloki:

Norma lub metryka 14598 składa się z następujących części i ma ogólny tytuł Information Technology - Software Product Evaluation:

Część 1: Przegląd ogólny (ISO/IEC 14598-1)
Część 2: Planowanie i administracja (ISO/IEC 14598-2)
Część 3: Proces dla deweloperów (ISO/IEC 14598-3)
Część 4: Proces dla akwizytorów (ISO/IEC 14598-4)
Część 5: Proces dla oceniających (ISO/IEC 14598-5)
Część 6: Dokumentacja modułów ewaluacyjnych (ISO/IEC 14598-6)

3.3 Wersja ogólna (14598-1).

Procesy ewaluacji są nie tylko zaangażowane w ocenę jakości produktu oprogramowania, ale także zwiększają efektywność kosztową i czasową, możliwości w zakresie zasobów ludzkich i pieniężnych, zaufania i satysfakcji klienta.

Każdy proces oceny jakości oprogramowania powinien rozpocząć się od oceny jakościowej, tj. powinien zrozumieć atrybuty i cechy oprogramowania oraz to, czy spełniają one optymalne wymagania i standardy, które należy zapewnić użytkownikowi.

Metryka 14598 określa 3 procesy w ramach oceny jakości oprogramowania i są to:

• Proces deweloperski.
• Proces zamówień
• Proces oceny

3.3.1 Proces deweloperski

Normy ISO 14598 są powszechnie stosowane przez organizacje zaangażowane w rozwój oprogramowania lub ulepszanie już opracowanego produktu, proces oceny odbywa się przy użyciu wszystkich ustalonych procesów technicznych. Koncentruje się na tych wskaźnikach, które mogą przewidzieć jakość produktu końcowego, proces ten odbywa się poprzez pomiar wskaźników pośrednich etapów lub procesów cyklu życia oprogramowania.

Stanowi przewodnik wyjaśniający wymagania jakościowe dotyczące wdrażania i analizy miar jakości oprogramowania.

Ma zastosowanie we wszystkich fazach cyklu życia produktu. Sam standard koncentruje się na wyborze i raportowaniu niektórych wskaźników oceny w celu przewidywania jakości produktu końcowego poprzez pomiar jakości produktów pośrednich.

3.3.2 Proces zamówień

W ramach standardu 14598 uwzględniono również proces zamówień. Powinien on być również stosowany przez organizacje lub firmy, które są zaangażowane w rozwój oprogramowania lub w ulepszanie istniejącego oprogramowania.

Można go zastosować do podjęcia decyzji o akceptacji lub zadowoleniu użytkownika z ukończonego produktu, aby kontynuować proces wyboru najlepszego produktu spośród kilku istniejących.

Norma ISO/IEC 14598 klasyfikuje oprogramowanie na trzy grupy:

• Oprogramowanie komercyjne
• Istniejące oprogramowanie opracowane lub nabyte przez inne organizacje.
• Dostosowane oprogramowanie (oprogramowanie na zamówienie) lub zmodyfikowane istniejące oprogramowanie.

3.3.3 Proces oceny

Standard 14598 powinien być stosowany przez asesorów przeprowadzających niezależną ocenę lub ewaluację oprogramowania. Ten proces oceny lub ewaluacji może w niektórych przypadkach zostać przeprowadzony na prośbę lub

sugestię dewelopera, nabywcy lub innych osób.
Proces oceny zgodnie z normą 14598 składa się z czterech etapów:

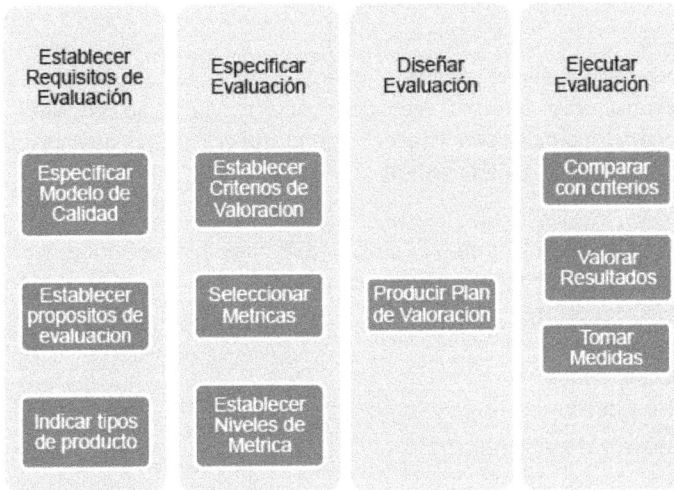

Standard może być używany do:
Ocena istniejących produktów
Ocena opracowywanych produktów (w tym przypadku proces oceny musi być zsynchronizowany z procesem rozwoju).

3.4 Charakterystyka procesu oceny ISO/IEC 14598

Charakterystyka procesu oceny jest następująca:
* Powtarzalny
* Możliwość powielania
* Bezstronny
* Cel

3.4.1 Powtarzalność

Ocena tego samego oprogramowania z tą samą specyfikacją oceny i przeprowadzona przez innego samooceniającego powinna dać wyniki, które można zaakceptować jako identyczne.

3.4.2 Odtwarzalność

Ocena tego samego oprogramowania z tą samą specyfikacją oceny i przeprowadzona przez innego odpowiedniego oceniającego powinna skutkować wynikiem tego procesu, który można zaakceptować jako identyczny.

3.4.3 Bezstronność

Odpowiednia ewaluacja nie powinna koncentrować się tylko na konkretnym

51

wyniku, ale może być również powiązana z różnymi wynikami, aby móc uzyskać poprawę jakości rozwoju oprogramowania.

3.4.4 Cel

Wyniki przedstawione w procesie oceny muszą być zgodne z prawdą i zweryfikowane, aby uniknąć niedogodności, przytaczając przykład nie pod wpływem uczuć lub opinii oceniającego, ale raczej pracować etycznie i moralnie.

3.5 Proces oceny ISO/IEC 14598

Proces oceny zgodnie z normą ISO/IEC 14598 obejmuje pięć podprocesów.
* Ustanowienie wymogów dotyczących oceny.
* Specyfikacja oceny
* Projekt oceny
* Wdrożenie oceny
* Wnioski z oceny

3.6 Ustanowienie wymagań

Celem jest opisanie celu i założeń ewaluacji. Takie cele odnoszą się do korzystania z oprogramowania, biorąc pod uwagę również jeden lub więcej punktów widzenia użytkownika lub klienta oraz ryzyko, które może być z nim związane, tj. wymagania oceny mogą w rzeczywistości koncentrować się na poziomach oceny dla tych samych wybranych funkcji lub wymagań.

3.7 Proces oceny oprogramowania ISO/IEC 14598

Dane wejścioweFaza Kluczowe zadania Wyjścia Ocena			
Opis produktu, modulosdel produkt	Ustanowienie wymagania ocena	Ustanowienie wymogów dotyczących oceny	Wymagania dotyczące oceny: opis celów oceny, w szczególności opis wymagań jakościowych dla produktu.
Wymagania dotyczące oceny, opis produktu, wstępnie zdefiniowane specyfikacje oceny	Specyfikacja oceny	Specyfikacja oceny w oparciu o wymagania dotyczące oceny i opis produkt oprogramowanie dostarczone przez wnioskodawcę	Specyfikacja oceny definiuje całą analizę oraz środki na produkcie i jego komponentach

Specyfikacja oceny, opis produktu, metody analizy i oceny. ocena	Projekt ocena	Projekt oceny tworzy plan mający na celu ewaluacja na podstawie specyfikacji ewaluacyjnej, czynność ta uwzględnia wszystkie wszystkie składniki iloczynu oceniane oprogramowanie	Plan oceny koncentruje się na procedurach operacyjnych związanych z procesem oceny. specyfikację oceny; w szczególności opisują one wszystkie metody i narzędzia, które mają być wykorzystane w ocenie
Plan ocena, narzędzia oceny, komponenty produktu	Wdrożenie oceny	Wdrożenie ocena składa się z inspekcji, modelowania. Pomiary i testowanie produktu i jego komponentów zgodnie z planem oceny, te	Zapisy oceny opierają się na planie dla ocena, prowadzenie konta szczegóły z działania podjęte przez
		działania mogą być przeprowadzone przy użyciu narzędzia programowe działania przeprowadzane przez oceniającego są rejestrowane, a wyniki są uzyskane z pozycje w projekcie raportu oceniającego	oceniający, na ile wykonuje plan ewaluacji; pliki te są zapisywane lub przechowywane przez ewaluatora. Projekt przedstawiony w tej sekcji raportu z oceny przeprowadzonej przez ewaluatora ewaluatora ewaluatorów jest dokumentem powstałym w wyniku syntezy

			wyników ewaluacji.
Projekt planu oceny, elementy składowe	Zakończenie ocena	Zakończenie ocena, która składa się z	Raport z oceny będzie zawierał
produkt		dostarczenie raportu oceny productfrom oprogramowanie według części oceniającego jako^ jak również ich komponenty kiedy mają został oceniony niezależnie	wymagania ocena specyfikacja środków i analiza zrealizowany i każdy inny informacja niezbędny do być w stanie powtórzyć lub odtworzyć ocena

3.8 Dokumentacja modułów oceny ISO/IEC 14598

Ta sekcja ISO/IEC 14598 określa strukturę i zakres dokumentacji modułu oceny, tj. w tym przypadku jest to format dokumentacji modułu, który ma przeprowadzić ocenę.
Moduły oceny są używane w kontekście norm ISO/IEC 9126 i ISO/IEC 14598.

3.8.1 Moduł oceny ISO/IEC 14598

Jest to pakiet technologii oceny służący do ustalania pomiarów cech jakości oprogramowania, pod-charakterystyk lub atrybutów.
Pakiet zawiera:
* Metody i techniki oceny
* Dane wejściowe do oceny
* Gromadzenie danych do pomiaru
* Procedury i narzędzia pomocnicze.

3.8.2 Instrukcje oceny ISO/IEC 14598

Proces ten szczegółowo opisuje procedurę, której należy przestrzegać. Powinno to również obejmować wybór dowodów uzyskanych przez grupę oceniających, przytaczając przykład kodu testowego, generowanie i rejestrowanie surowych danych, reguły, algorytmy obliczeniowe dla metryk surowych danych, rejestrowanie wyników oraz wymagania dotyczące przechowywania pracy i dokumentacji końcowej.

3.9 Mapowanie pomiarów ISO/IEC 14598

Ten element definiuje znaczenie pomiarów, tj. interpretację wyników uzyskanych pomiarów. Obejmuje to również to, co odpowiada skali oceny, w której uzyskane wartości są mapowane przez zdefiniowane metryki. Jeśli uzyskano kilka pomiarów dla pojedynczej cechy, podcechy lub atrybutu, należy określić, w jaki sposób można je połączyć w wyniki dla cech, podcech lub atrybutów w ocenianym produkcie oprogramowania.

3.10 Format dokumentacji ISO/IEC 14598

3.10.1 Przedmowa i wprowadzenie
3.10.1.1 Przedmowa

Dostarczy on informacji na temat:
* Przygotowanie, zatwierdzenie, wkład i zmiany.
* Związek z innymi normami lub dokumentami.

3.10.1.2 Wprowadzenie

Jest to preambuła lub początek priorytetowych technik w ramach modułów oceny.

3.10.2 Zakres

3.10.2.1 Funkcje
Określa cechy, podcechy lub atrybuty modułu oceny, który ma zostać poddany ocenie. Do celów niniejszej klauzuli stosuje się model jakości ISO/IEC 9126-1.

3.10.2.2 Poziom oceny

Ta sekcja powinna opisywać i określać poziom oceny, który ma zostać poddany analizie porównawczej w module oceny.

3.10.2.3 Techniki

Opisuje techniki oceny stosowane w module oceny. Przytaczając jako przykłady modele wzrostu pod względem niezawodności, benchmarkingu, analizy statystycznej kodu.

3.10.2.4 Zastosowanie

Określa zakres oceny modułu ewaluacyjnego w ramach tego, co jest produktem oprogramowania, podając przykład, że moduł ewaluacyjny może być przeprowadzony na określonym języku programowania.

3.10.3 Referencje

Ta sekcja zawiera odniesienia do norm i dokumentów technicznych, jeśli moduł oceny oprogramowania zależy od innych modułów, należy to tutaj podać.

3.10.4 Terminy i definicje

W tej sekcji należy określić warunki ustalone w ramach ocenianego modułu.

3.11 Związek między normami ISO/IEC 14598 i ISO/IEC 9126

Te dwie metryki ustanowiły kilka standardów, w których mają wspólne kryteria i cechy, począwszy od perspektywy procesu oceny opartego na wybranym modelu jakości, norma ISO/IEC 14598, która oznacza proces oceny, wykorzystuje model jakości zdefiniowany w ISO/IEC 9126 (model jakości) oraz do przeprowadzenia oceny cech, podcharakterystyk i atrybutów, które są podane w procesie wyboru metryki określonym w drugiej i trzeciej części metryki ISO/IEC 9126.

Łączy ich proces relacji również pod względem zasobów i środowiska, który determinuje proces oceny produktu, ten proces oceny albo dla programistów, Proces jest weryfikowany w modelu jakości 9126-1, a ocena jest przeprowadzana w oparciu o wewnętrzne i zewnętrzne metryki zdefiniowane odpowiednio w ISO/IEC 9126-2 i ISO/IEC 9126-3. Podsumowując, proces oceny można przeprowadzić na produktach, które są obecnie w użyciu, dzięki czemu będzie on oparty na wybranym modelu jakości i zostanie wykorzystany do oceny wskaźników jakości w aplikacji ISO 9126/4.

3.12 Jakość wewnętrzna i zewnętrzna: opisuje sześć cech

3.12.1 Funkcjonalność

Ten element dotyczy stopnia, w jakim oprogramowanie spełnia potrzeby wskazane na poniższej liście atrybutów:

• **Przydatność:**
Przydatność odnosi się do jakości bycia odpowiednim. W związku z tym odnosi się do zdolności, chęci lub umiejętności, które coś lub ktoś ma do określonego celu.

• **Korekta:**
Modyfikacja rzeczy lub osoby w celu usunięcia jej wad, błędów, defektów lub niedoskonałości.

• **Zgodność:**
Pisemna lub ustna zgoda lub upoważnienie.

• **Bezpieczeństwo:**
Brak zagrożenia lub ryzyka.

• **Niezawodność:**
Dodatnie prawdopodobieństwo, że system lub urządzenie wykona daną funkcję w określonych warunkach przez dany czas.

- **Użyteczność:**
Jakość programu, który jest prosty w użyciu i łatwy do zrozumienia.
- **Wydajność:**
Zdolność do wykonywania lub odpowiedniego wykonywania funkcji.
- **Łatwość konserwacji:**
Jest to właściwość systemu, która reprezentuje ilość wysiłku w celu zachowania jego normalnej funkcji lub jej zastąpienia.
- **Przenośność:**
Właściwość, która pozwala mu działać na różnych platformach i systemach operacyjnych.

Wszystkie te pod-charakterystyki, które manifestują się zewnętrznie podczas korzystania z oprogramowania jako części systemu. Są one wynikiem wewnętrznych atrybutów oprogramowania.

Jak widzimy, charakterystyka oceny to 6, która ma bardzo dobrze zdefiniowaną jakość, ponieważ składa się z niezawodności; ta część mówi nam, że produkt będzie dokładny, że nie będzie miał żadnych usterek, że będzie niezawodny, a także niezawodność, która mówi nam, że nasz produkt lub oprogramowanie będzie niezawodne we wszystkich jego częściach lub modułach.

Rozumiany jako połączony efekt postrzegany przez użytkownika powyższych sześciu cech. Przy tej okazji model nie jest rozwijany na poziomie podcharakterystycznym.

Jako przykład i aby uczynić idee nieco bardziej konkretnymi, zacytujemy, że **określone źródło nie jest ważne.**

"Wydajność", odpowiadająca wewnętrznemu i zewnętrznemu modelowi jakości, jest podzielona na podcechy:

- Zachowanie czasowe

- Wykorzystanie zasobów

- Zgodność

Analiza krytyczna
Trzy wyżej wymienione cechy mówią nam, że system lub produkt będzie zoptymalizowany we wszystkich swoich aspektach, aby osiągnąć w ocenie systemów ustanowionych przez metrykę całkowitą zgodność systemu ze strony użytkownika.

3.12.2 Użycie

Model jakości służy do oceny jakości produktu, zarówno oprogramowania, jak i kompletnego oprogramowania (oprogramowanie + sprzęt, na którym jest zainstalowane). W szczególności powinien służyć jako ramy przy ustalaniu celów, które chcemy osiągnąć, zarówno w produktach końcowych, jak i pośrednich.
Podane źródło jest nieprawidłowe.
Użytkowanie jest już końcowym procesem oprogramowania, więc ma na celu ocenę absolutnie wszystkiego, ocenę wszystkich celów, które zostały osiągnięte w procesie życia oprogramowania.

3.13 Ocena ISO/IEC 14598

Rodzina standardów ISO/IEC 9126 (jakość oprogramowania) została opracowana w tym samym czasie, co rodzina ISO/IEC 14598 (ocena oprogramowania). W rzeczywistości obie rodziny są wynikiem rozszerzenia pierwszej wersji normy ISO/IEC 9126:1991.**source specified not valid.**
Zgodnie z normą ISO 14598 określa ona sposób oceny produktu i podaje wymagania dotyczące oceny jego oprogramowania.

3.14 Charakterystyka metryki 14598

- 1.- Zasoby - Wsparcie oceny
- 2.- Proces - wsparcie oceny
- 3.- Produkt - Metryki wewnętrzne - Metryki zewnętrzne.
- 4.- Efekt - stosowane wskaźniki.

Norma ISO/IEC 14598 obejmuje następujące kroki redakcyjne dla jej ekspozycji dokumentacyjnej:
Przegląd (ISO/IEC): jest to część podsumowująca następujące pięć sekcji i przedstawiająca przegląd produktu do publikacji multimedialnych oraz model referencyjny jakości.
W tej sekcji omówiono następujące tematy:
1   Wymagania egzaminacyjne są określone.
2   Zawiera szczegółowe informacje na temat badania.
3   Plan oceny jest realizowany
Ramy te zapewniają przegląd pozostałych 5 części i odnoszą się do oceny produktu oprogramowania i modelu jakości zdefiniowanego w normie ISO 9126.

3.15 Planowanie i zarządzanie ISO/IEC 14598

Planowane i zarządzane są tutaj następujące wydarzenia:
1   Punkt widzenia, z którego zaczną.
2   Cele.
3   Wybierz technologię, która ma być używana.
4   Podziel pracę do wykonania.
5   Sprawdź oprogramowanie produktu.
Ta część zawiera planowanie i zarządzanie, wymagania i wytyczne dotyczące funkcji wsparcia, takich jak podejście i zarządzanie ewaluacją oprogramowania.

3.16 Proces deweloperski ISO/IEC 14598

W tym momencie programiści będą postępować zgodnie z następującym procesem: realizacja, podejście, wymagania dotyczące oprogramowania, które ma zostać zrealizowane, produkt jest projektowany i realizowany. **Określone źródło jest nieprawidłowe.**

Ta część zawiera wymagania i zalecenia dotyczące ewolucji oprogramowania, gdy ocena jest przeprowadzana równolegle z rozwojem i jest przeprowadzana przez programistę.

3.17 Proces komparatorów ISO/IEC 14598

Ten krok odpowiada klientom, którzy zamawiają produkt i postępują zgodnie z następującym procesem: wymagania, definicja oceny, projekt oceny do jej późniejszego wykonania.

Ta sekcja dotyczy procesu dla nabywców, który zapewnia wymagania i zalecenia dotyczące oceny niestandardowego komercyjnego oprogramowania lub modyfikacji istniejącego produktu, przeprowadzanej w celu zapewnienia nabywców, że spełnia on oczekiwane wymagania.

3.18 Proces oceny ISO/IEC 14598

Na tym etapie jakość produktu, wymagania i wytyczne dotyczące testowania oprogramowania produktu do publikacji multimedialnych są oceniane zgodnie z następującym procesem: identyfikowalność, wyniki, problemy, ulepszenia i wnioski.

Odnosi się do procesu, w którym ewaluatorzy są prowadzeni lub rekomendowani do praktycznego zastosowania ewaluacji oprogramowania, ponieważ różne strony starają się zrozumieć, zaakceptować i zaufać wynikom ewaluacji.

3.19 Moduł oceny ISO/IEC 14598

Ostatnim krokiem jest przeprowadzenie badania poprzez pomiar procesu utworzonego w poprzednim kroku i udokumentowanie go zgodnie ze strukturą poprzednich punktów z tym zarysem:

1 Wprowadzenie:
w którym przedstawiono zarys procesu oceny, który należy przeprowadzić.

2 Zakres:
wyszczególnienie wpływu badanych aplikacji na oprogramowanie w odniesieniu do wsparcia.

3 Opłaty za wstęp:
Testy, które należy przeprowadzić, są wymienione tutaj.

4 Wyniki:
W tej sekcji przedstawiono wnioski wyciągnięte po analizie. **Podane źródło jest nieprawidłowe**.

Ta sekcja dotyczy dokumentacji modułów oceny, zawiera wytyczne dotyczące dokumentacji oceny, moduły te stanowią specyfikację modelu jakości odpowiednich wewnętrznych i zewnętrznych wskaźników, które mają być stosowane do konkretnej oceny, obejmują metody i techniki oceny oraz rzeczywiste pomiary wynikające z ich zastosowania.

Oprócz różnych etapów, ustanowiono ramy oceny jakości dostarczanego

59

oprogramowania, oprócz metryk powinniśmy wiedzieć, czy utrzymaliśmy porządek w czasie rozwoju i czy na każdym etapie rozwoju został utrzymany lub został spełniony w sposób zadowalający, ten etap, a przede wszystkim wiedzieć, czy użytkownik naprawdę wie, czego chce i czy udało się zakończyć każdy aspekt, o który poprosił nas użytkownik.

Metryka ma określone kroki do naśladowania, takie jak:

Przede wszystkim, podobnie jak w przypadku tworzenia oprogramowania, musimy ustalić wymagania dotyczące ewaluacji, w których musimy określić cel ewaluacji, w jakim celu oceniamy każdy aspekt, który oceniamy, a następnie określamy rodzaj produktu, który zamierzamy ocenić, aby określić model jakości do wykorzystania, a także, jak już podkreśliliśmy powyżej, musimy wybrać najbardziej odpowiednią metrykę dla tego procesu oceny, w tym przypadku metrykę 14598, ustalając jej charakterystykę, aby osiągnąć jasne zrozumienie kryteriów oceny, następnie, mając to wszystko ustalone, musimy zaprojektować odpowiednią ewaluację dla tego, co zamierzamy ocenić, niezależnie od tego, czy jest to proces, czy niektóre moduły, tak abyśmy po zakończeniu lub zakończeniu badania musieli podjąć właściwe decyzje, aby zmienić na lepsze to, co musimy zmienić, dzieląc się kryteriami, między osobami, które przeprowadzają ewaluację, aby nie przeoczyć żadnej możliwej awarii, a następnie powinniśmy ocenić wyniki, ponieważ w następnych pracach będziemy mieli przewodnik po możliwych awariach, które mamy w momencie oceny podobnego oprogramowania lub jako przewodnik do oceny innego rodzaju oprogramowania.

Ponadto musimy podkreślić osoby, które tworzą standard lub są odpowiedzialne za jego realizację w momencie stosowania metryki, osoby odpowiedzialne to

- Deweloperzy
- Nabywcy
- Oceniający

Wyżej wymienione, jak już wiemy, są zanurzone w pierwszych etapach rozwoju oprogramowania, nabywcy są użytkownikami lub klientami, ponieważ mają potrzebę lub problem, który chcą zoptymalizować, następnie następuje programista, który wykonuje te wymagania, a te są oceniane, redundantnie, przez ewaluatorów.

Czynności wykonywane przez programistę są następujące: w pierwszej kolejności podnosi wymagania, które są wymagane, są wysyłane lub ustalane przez klienta, następnie definiuje ocenę i ukierunkowuje osobę, która ocenia w zakresie poprawy błędów, zarządzania wynikiem końcowym. Z tej pracy uzyskujemy uporządkowane zarządzanie, ponieważ wszystko jest odpowiednio szczegółowe, zapobieganie możliwym przyszłym modyfikacjom lub odnosimy się do sytuacji, gdy oprogramowanie jest już ukończone, a klient nie jest zadowolony z jakiejś jego części i prosi nas o pewnego rodzaju zmiany, co prowadzi do ponownej dokładnej analizy wszystkiego, Wreszcie, należy wziąć pod uwagę miejsce, w którym oprogramowanie będzie działać, ponieważ q nie będzie działać za nic w świecie w tym samym miejscu, w którym zostało opracowane, dlatego ludzie generalnie nie liczą na odpowiedni system, jeśli chodzi o komputery.

Normy ISO/IEC 14598

Na różnych etapach ustanawia ramy oceny jakości produktów programowych oraz zapewnia metryki i wymagania dotyczące procesu oceny. Niezależnie od tego, czy chodzi o części, moduły czy cały system.

W szczególności służy do stosowania koncepcji opisanych w normie ISO/IEC 9126. Definiuje i opisuje działania niezbędne do analizy wymagań ewaluacyjnych, określenia, zaprojektowania i wykonania działań ewaluacyjnych oraz zakończenia ewaluacji dowolnego typu oprogramowania.

3.20 Charakterystyka Norma ISO/IEC 14598

Standard określa główne cechy procesu oceny:
1 Powtarzalność
2 Powtarzalność.
3 Bezstronny
4 Obiektywizm
W przypadku tych cech opisano konkretne środki

1 Analiza wymagań dotyczących oceny:
W tej części systemu wszystkie żądania lub prośby są pobierane od osoby żądającej optymalizacji problemu lub potrzeby, takiej jak klient lub użytkownik, który generuje cały proces tworzenia oprogramowania.

2 Ocena specyfikacji:
W tej części oceniany jest każdy z aspektów, tak aby nie było żadnych nieprawidłowości i nie istniały zmiany w ostatniej chwili, które mogłyby wywołać niezadowolenie ze strony osoby odpowiedzialnej za rozwiązanie problemu. Zaleca się również wykonywanie każdej z tych czynności i informowanie użytkownika lub klienta o postępach, które mają miejsce z dnia na dzień, aby uniknąć wszelkiego rodzaju wpadek, które mogą wystąpić w momencie dostarczania produktu, unikając niezadowolenia klienta i podwójnej pracy osób odpowiedzialnych za tworzenie oprogramowania.

3 Ocena projektu i definicja planu oceny:
W tej części chodzi o to, jak zamierzamy ocenić jakiś proces lub moduł w ogóle, że zamierzamy użyć dla tego oprogramowania, dla tego narzędzia, które jest odpowiednie, i że jeśli proces do oceny zrobi właściwą rzecz w momencie oceny, jest to pożądane, aby każda rzecz lub krok, który jest podany, Właśnie dlatego ustanowiono standardy, w tym przypadku metrykę 14598, która jest jedną z rodzin metryki 9126, które są najbardziej odpowiednie i te, które badamy do oceny systemu.

4 Wdrożenie planu oceny:
W tej części, gdy mamy już ustalone zasady lub metryki oceny, przystępujemy do jej wykonania, biorąc pod uwagę wyniki części, którą oceniamy, ponieważ oczywiste jest, że chcemy obserwować i analizować, czy to, co rozwijamy, jest właściwe, dlatego bardzo ważne jest, aby porównać wyniki z wymaganiami osoby, która zleciła nam system, a jeśli to możliwe, powinniśmy sporządzić raport

i pokazać go tej osobie, aby mogła również obserwować i mieć pewność, co otrzyma jako produkt końcowy, ponieważ jeśli podczas oceny wystąpią błędy i zostanie to pokazane osobie, która zleciła system, oczywiste jest, że zmiany zostaną wygenerowane, ale tylko w części, w której oceniamy, ale nie po zakończeniu całej pracy.

Możemy więc podkreślić dobre rzeczy, jaki jest sens analizowania tego, co robimy i jakie korzyści odnosimy z przeprowadzanej przez nas oceny i komu przynosimy korzyści z oceny, którą stosujemy.

5 Ocena wniosków:

W tym aspekcie, jak wspomniano wcześniej, ocena wniosków jest raczej korektą błędów znalezionych w procesie, który przeprowadzamy w momencie oceny tej części systemu, ten wniosek, aby uzyskane wyniki były bardziej precyzyjne, jest wskazany, aby podzielić się nim z osobą, która zleciła nam wykonanie systemu, jak już wspomnieliśmy.

Pozwala to uniknąć wielu leków na końcu systemu, co sprawia, że ich wdrożenie jest żmudnym zadaniem.

modyfikacje. **Podane źródło jest nieprawidłowe.**

3.21 Usługi zgodne z normą ISO/IEC 14598

Usługi związane z oceną oprogramowania są zazwyczaj dostosowane do pomiarów poszczególnych użytkowników końcowych lub dostawców, w zależności od tego, dlaczego ocena została zamówiona.

Usługi oceny oprogramowania obejmują:

1 Definicja referencyjnych profili jakości oprogramowania.
2 Ocena zgodnie z wcześniej zdefiniowanymi modelami jakości.
3 Certyfikacja jakości oprogramowania zgodnie z modelami i standardami jakości.
4 Porównania między produktami.
5 Przeprojektowanie oprogramowania.
6 Usługi monitorów jakości produktów. **Podane źródło jest nieprawidłowe.**
1. **USTANOWIENIE WYMOGÓW DOTYCZĄCYCH OCENY**
2. **Ustalenie celów oceny**
3. **Identyfikacja rodzajów produktów**
4. **Określenie modelu jakości**
5. **OKREŚLIĆ OCENĘ**
6. **Wybór metryk**
7. **Ustaw poziomy dla metryk**
8. **Ustanowienie kryteriów oceny**
9. **PROJEKTOWANIE OCENY**
10. **Opracowanie planu oceny**
11. **DO PRZEPROWADZENIA OCENY**

12. **Podejmowanie działań**
13. **Porównanie z kryteriami**

14. Ocena wyników

Model jakości to seria formularzy, które pozwalają zarządzać wszystkimi informacjami związanymi z modelem jakości, które mają być wykorzystane w ewolucji. W pierwszym z nich tworzony jest model jakości poprzez zdefiniowanie jego nazwy, opisu i cech jakościowych, które go tworzą.

Drugi formularz umożliwia tworzenie cech jakości, które są zawarte w modelu. Określa on nazwę, rodzaj cechy, do której należy, tj. klasyfikację w zależności od kontekstu wewnętrznego, zewnętrznego lub użytkowego, w którym ma być stosowana, opis i powiązane podcechy jakościowe.

3.22 Definicja oceny

Model ten składa się z dwóch form. Pierwsza z nich pozwala na ustalenie produktów, które mają zostać ocenione. W ramach ocenianych produktów można wybrać produkty pośrednie, takie jak modele danych lub produkty końcowe, takie jak plik wykonywalny.

Drugi formularz jest podzielony na dwie części. Pierwsza z nich określa wymagania dotyczące oceny, w których zdefiniowany jest cel, odbiorcy, intencja, nazwa oprogramowania, cele oceny i osoby odpowiedzialne za ocenę. Druga część definiuje specyfikację oceny, która określa model jakości, cechy, podcharakterystyki i wskaźniki, które będą oceniane dla każdego z wybranych produktów. **Podane źródło jest nieprawidłowe.**

3.23 Korzyści

Korzyści oferowane przez metryki w zakresie oceny produktu to definicja wzorców jakości, ocena predefiniowanych modułów systemu, przyznawanie certyfikatów jakości zgodnie ze standardami jakości, tworzenie porównań między produktami inżynierii oprogramowania, posiadanie usługi monitorowania jakości produktu.

Należy również zauważyć, że korzysta na tym nie tylko personel opracowujący system, ale także osoba odpowiedzialna, ponieważ otrzymuje system w określonym czasie i nie musi przechodzić przez niepotrzebne niedogodności.

Jak już widzieliśmy, na podstawie wszystkich powyższych już zbadanych, ta metryka jest przewodnikiem oceny, który ma pewne wymagania, których należy przestrzegać w zależności od rodzaju oprogramowania, które oceniamy, opracowanego przez normy ISO / IEC 14598, normy te są używane przez osoby odpowiedzialne za konserwację w celu pomiaru zgodności z podanymi wymaganiami, aby sprawdzić, czy występują awarie i wprowadzić odpowiednie ulepszenia w trakcie oceny, coś, aby uzyskać ulepszenia tego czegoś, w tym przypadku systemu - oprogramowania, tego samego, które, jeśli w ocenie, przy użyciu metryki 14598, wykazuje pewną niespójność w danych lub jakiś proces generuje jakiś błąd, w efekcie cały ten moduł zostanie zmieniony lub ulepszony, ponieważ program musi być echem przez moduły, aby nie trzeba było niepotrzebnie poświęcać czasu na rewizję całego kodu, Dzięki temu można podkreślić, że norma ta jest bardzo przydatna, ponieważ jest powiązana z procesem ISO / IEC 9126, dlatego jej cechy w procesie oceny są precyzyjne i bardzo przydatne, jak już powiedzieliśmy wcześniej, aby ocenić proces, w którym obsługiwany jest rozwój oprogramowania, ponieważ są one powtarzalne, w tym punkcie analizuje się i ocenia, czy jakiś proces nie generuje pewnego rodzaju duplikatów, które zostały powtórzone, Następnie mamy powtarzalność, ta część koncentruje się na tym, o co poprosił nas użytkownik, czy jest to poprawne, czy jest zgodne z tym, co zostało ustalone, czy problem został rozwiązany, bezstronność, że wszelkie wymagane dane były unikalne i dokładne, i wreszcie obiektywność, która, jak sama nazwa wskazuje, jest obiektywna i nie jest zbędna w tym, o co prosi użytkownik. Zgodność z wyżej wymienionymi i podzielonymi standardami pozwala nam mieć pewien stopień jakości produktu, ponieważ jeśli je zatwierdza, odzwierciedla to, że system jest odpowiedni i użyteczny we wszystkich jego aspektach, należy zauważyć, że również w tym standardzie prace ewaluacyjne są wykonywane, gdy oprogramowanie jest już zainstalowane na odpowiednim komputerze, aby sprawdzić, czy naprawdę ma jakieś problemy w maszynie, która będzie ostatecznie używana, Ponieważ może to być bardzo różna wydajność odpowiedzi w maszynie, która jest używana, niż w maszynie, która ma ją wdrożyć, i może generować pewien rodzaj improwizacji powodując pewien rodzaj niezadowolenia i niezgodności z użytkownikiem, w ten sposób zwiększa się jakość oceny, jeśli spełnia wszystkie te wymagania, służy to również do podania wartości lub kosztu tego oprogramowania.

W ocenie oprogramowania zauważyliśmy, że bardzo ważne jest przestrzeganie modeli i standardów, te modele i standardy muszą być jak najbardziej aktualne, ponieważ muszą być aktualizowane, aby uzyskać ocenę jakości, jak zauważyliśmy, ocena jakości to nic innego jak ocena procesu, w którym system przechodzi i będzie rozwijany i jak powiedzieliśmy, aż do tej samej instalacji, w której będzie w ostatecznym komputerze, dopóki ten proces nie zostanie oceniony w celu zaobserwowania, czy istnieje błąd, awaria w systemie lub poza nim, ponieważ istnieją komputery, których systemy nie mogą zostać zainstalowane, ponieważ brakuje im uzupełnienia lub ponieważ nie spełniają wszystkich wymagań instalacji, więc debugowanie tego typu awarii odbywa się za pomocą oceny w metryce 14598, ponieważ wyszczególniają one cechy, za pomocą których dokonuje się nie tylko oceny metryki, ale także technicznych wskaźników jakości oprogramowania, które są wskaźnikami. Konieczne jest również uwzględnienie skali pomiarów jakościowych i ilościowych, ponieważ możliwe i konieczne jest zakwalifikowanie cech oprogramowania, aby uzyskać większą akceptację i pewien stopień satysfakcji, ponieważ zostało ono spełnione z zalecanymi cechami, należy również podać ocenę części ilościowej, ponieważ wydatki na oprogramowanie różnią się w zależności od potrzeb jednego z drugim oraz w zależności od potrzeb zewnętrznych, które można przedstawić, te dwie cechy do oceny są bardzo ważne, jeśli chodzi o ocenę jakości produktu lub procesów.

Aby mieć jasność co do jakości oprogramowania, należy wziąć pod uwagę dwie ważne koncepcje:

Jakość:

Według języka Rhae jest to priorytet lub zestaw priorytetów nieodłącznie związanych z czymś, które pozwalają ocenić jego wartość.

Oprogramowanie:

Jest to zestaw programów, instrukcji i reguł komputerowych, które umożliwiają wykonywanie różnych zadań na komputerze. Tak więc zdefiniowano metrykę 14598, która, jak już wiemy, definiuje ocenę oprogramowania jako model jakości do zestawu cech i relacji między nimi, które stanowią podstawę do określenia wymagań jakościowych i oceny jakości.

Jak mogliśmy zaobserwować, modele jakości oferują standardy i parametry, które są oczekiwane przy tworzeniu projektów oprogramowania. Jakość oprogramowania ma fundamentalne znaczenie dla firmy, a jego ocena staje się istotna dla realizacji celów, które muszą zostać osiągnięte za pomocą tych produktów.

Dzięki temu możemy powiedzieć, że każdy model oceny oprogramowania jest ważny i że każdy model jakości ma pomiary podcharakterystyczne.

3.24 Identyfikacja rodzajów produktów podlegających ocenie

Identyfikacja produktu ma na celu ustalenie rodzaju produktu, który ma zostać oceniony, jeśli jest to oprogramowanie bazowe, podając przykład, może to być system

Operacyjne, może to być również oprogramowanie użytkowe, np. narzędzie CASE lub oprogramowanie użytkowe, np. oprogramowanie zabezpieczające, może to być oprogramowanie finansowe lub edukacyjne.

Typ produktu Oprogramowanie	Przykład
Oprogramowanie bazowe	System operacyjny
Oprogramowanie użytkowe	Walizka narzędziowa
Oprogramowanie użytkowe	Oprogramowanie edukacyjne

3.25 Projektowanie oceny

Plan ewaluacji opisuje metody ewaluacji i harmonogram działań, które ewaluator ma uwzględnić. Oceniający może działać w sposób zgodny z planem oceny.

3.26 ISO/IEC 14598 Planowanie i zarządzanie

Ta sekcja standardu zawiera wymagania, zalecenia lub sugestie i wskazówki dla działu wsparcia, który jest odpowiedzialny za zarządzanie oceną w ramach oprogramowania i technologii niezbędnej do oceny oprogramowania.

Działania związane z oceną oprogramowania:

OPRACOWANE	ZAKUPIONE OPROGRAMOWANIE

OPROGRAMOWANIE			
Działania Rozwój	**Działania Ocena**	**Działania Przejęcie**	**Działania Ocena**
The rezultaty zależy od wybór CYKL ŻYCIA (Specyfikacja wymagań, specyfikacja projektu system)	Ocena rezultaty sperma (wyjścia z projekt) (Przegląd projekt system)	Zależy od wybór procesy zaopatrzenie (Proces Dostawcy)	Przegląd wyloty specyficzne dla procesy nabycie. Audyt procesy dostawcy

Relacje między działem wsparcia a projektem ewaluacyjnym

DZIAŁ WSPARCIA PROVEE	PROJEKT OCENY ROZWÓJ
Nowa technologia	Doświadczenie w projektach
Standardy standardy międzynarodowy	Doświadczenie w ocenie
Specjalizacja (doradztwo)	Dane projektu
Szkolenie	Doświadczenie z technologią
Organizacyjna baza danych	Odpowiedź na funkcję wsparcia
Wsparcie dla projektów ewaluacyjnych	

Gdy firma lub organizacja chce zaplanować i przeprowadzić ocenę oprogramowania, należy wykonać następujące kroki:
• Zdefiniowanie celów oceny oprogramowania.
• Zapewnienie planu oceny ilościowej dla wszystkich projektów, które mają zostać ocenione, plan ten można podzielić na podplany w celu ustalenia optymalnej oceny.
Organizacje lub firmy mogą przeprowadzać oceny oprogramowania w oparciu o następujące elementy:
• Upewnij się, że wyniki oceny mogą zostać zweryfikowane i poświadczone.
• Zapewnienie skutecznej technologii i najlepszych praktyk w użyciu.
• Zapewnienie dostępności zaleceń dotyczących przyszłych działań ewaluacyjnych.

Bibliografia

[1] V. Rosales Morales, G. Alor Hernandez, J. L. Garcia Alcaraz, R. Zatarain Cabada i M. Barron Estrada, "An analysis of tools for automatic software development and automatic code generation," *Revista Facultad de Ingenieria Universidad de Antioquia,* vol. 77, 2015.

[2] M. Estayno, G. Dapozo, L. Cuenca i C. Greiner, "Modelos y Metricas para evaluar calidad software. Greiner, "Modelos y Metricas para evaluar calidad de software", *XI Workshop of Researchers in Computer Science, 2009.*

[3] R. S. Pressman, Software Engineering: A Practical Approach, Sixth ed., Mexico: McGraw Hill, 2006.

[4] I. Sommerville, Ingenieria del Software, Septima ed., Mexico: Editorial Pearson, 2005.

[5] G. a. Ruiz, A. Pena and C. A. Castro, "Modelo de Evaluación de Calidad de SoftwareBasado en Logica Difusa, Aplicada a Metricas deUsabilidad de Acuerdo con la Norma ISO/IEC 9126," *Aavances en Sistemas e Informatica*, vol. 3, n° 2, pp. 25-29, 2006.

[6] L. Perurena i M. Moraguez, "Usability of websites, methods and techniques for evaluation," *Revista Cubana de Informacion en Ciencias de la Salud,* vol. 24, n° 2, pp. 176-194, 2013.

[7] M. A. Abud Figueroa, "Quality in the Software Industry. La Norma ISO-9126", *revistaupiicsa*, 2012.

[8] C. A. Largo Garrta i E. Marin Mazo, "Guia Tecnica para evaluacion de software," [On-line]. Dostępne: https://jrvargas.files.wordpress.com/2009/03/guia_tecnica_para_evaluacion _of_software.pdf. [Ostatni dostęp: 27 lipca 2018 r.].

[9] A. Holzinger, G. Searle i A. Nischelwitzer, "On Some Aspects of Improving Mobile Applications for the Elderly," z *International Conference on Universal Access in Human-Computer Interaction*, 2007.

[10]R. Harrison, D. Flood i D. Duce, "[Usability of mobile applications: literature 0] review and rationale for a new usability model," *Journal of Interaction Science,* vol. 1, n° 1,2013.

[11]J. Enriquez i S. Casas, "Usability in mobile applications", *ICT-UNPA,* 1] 2013.

www.ingramcontent.com/pod-product-compliance
Ingram Content Group UK Ltd.
Pitfield, Milton Keynes, MK11 3LW, UK
UKHW041935131224
452403UK00001B/161

9 786203 499674